ファイナンシャルプランナー／
社会福祉士　清水 香

貯金ゼロ 知識ゼロ 節約ゼロ でも大丈夫！ "もしも"に備える新しいお金の使い方

JN103820

発売 小学館　発行 小学館クリエイティブ

はじめに

本書をお手に取っていただき、ありがとうございます。

20年前から、私は個人の方の暮らしについて、お金の面からアドバイスを行うことを仕事にしてきました。暮らしに欠かせない、そして生涯縁が切れない「お金」です。どうせなら、おトク情報もゲットしたいでしょう。しかし巷にお金の情報はあふれており、なにが正しくてなにが怪しいのか、判断しにくくなっています。「知識もないし、なにをどうしたらいいのか……」と途方に暮れている人もいるでしょう。

ですが、そのお金を使うのは私たち自身。そう、主役は「私」なのです。お金は「自分らしい暮らし」をデザインするためのいわば"ツール"に過ぎません。振り回されることなく、自分の望む人生のために、上手にコントロールしていこうではありませんか！

本書は、今は「貯金ゼロ、知識ゼロ、節約ゼロ」のゼロゼロ尽くしであっても、自分を改めて見つめ直し、「自分らしい暮らし」を自らデザインできるよう、そして時代に合った適切なお金の使い方ができるよう、提案を行うことをコンセプトとしています。

第1章「家計を振り返る」では、お金を切り口に自らを知り、これから自分がなにを目指すか、必要な準備はなにかを整理していきます。

第2章は「常識をアップデート！」。生活環境が大きく変わってきたのに、親世代のアドバイスを素直に聞いてはいませんか？　時代に合わないマネー常識は、役に立たないどころか"呪い"になりかねない

やっかいもの。マネー常識をアップデートして、「自分らしい暮らし」をもっと自由に組み立てていきましょう。

　第3章は「暮らしに困ったら…」。私たちの未来は不確かです。どんなに努力をしても、ときに思わぬ事態も起き得ます。自然災害や突然の感染症拡大に巻き込まれることもあります。困った事態に陥ることは、もはや誰にとっても特別なことではありません。しかしどんな状況でも、誰もが守りたい「自分らしい暮らし」があるはずで、そのときは助けもあります。いち早くそこにつながることができるよう、困ったときに役立つ公的給付や支援等をここでまとめました。「自分らしい暮らし」を徐々に取り戻すためにご活用ください。

　誰にとっても人生は一度きり。どんなことがあっても、あなたらしい暮らし、そして生き方を実現し、自由で充実した人生を送れることを心から願っています。

　最後に、本書を執筆する貴重な機会をくださいました、小学館クリエイティブの皆様に心より御礼申し上げます。コロナ禍による困難もあり、本書が出来上がるまでには紆余曲折や回り道をしなくてはならないことも数多くありました。にもかかわらず、最後までお付き合いくださった編集担当の市村珠里さん、西田真梨さんの辛抱強さとご尽力には、心からの感謝の気持ちでいっぱいです。ありがとうございました。

2020年11月　　清水 香

目次

※本書は2020年10月現在の制度、
　商品情報等にもとづいて執筆しています。

2

3

SOS

どんなことを望んでいる?

資格取得?
独立開業?
留学?

「自分らしい暮らし」を大事にできる選択を

　これから先、あなたはどんなふうに暮らしていきたいですか?

　ぼんやりではあっても、誰にでも理想とする「自分らしい暮らし」があるのではないでしょうか。それを叶えて、続けることを、誰もが望んでいるはずです。そのためには一歩踏み込んで、あなたにとっての「自分らしい暮らし」を具体的に考えてみませんか?

あなたの今の「思い」は?

　まずは今のあなた自身を見つめ直してみましょう。自分がどのような価値観をもち、なにを感じていて、なにをしようとしているのか、下の枠のなかに書き出してみてください。自分でも意外に感じるような価値観、つまり「思い」に気づけるかもしれません。

★ 目指していることは?	★ 取り組んでいることは?
★ 欲しいものは?	★ 不安なこと、つらいことは?

「自分らしい暮らし」を実現するための「お金」

　あなたの「思い」を具現化したものが「自分らしい暮らし」であり、それを実現するための裏づけとなるのが「お金」です。そして、いつ、いくらのお金が用意できれば、実現できるのか。そのために今、なにをすればよいのか。それらを考えるのが「マネープラン」です。

　私たちがもっているお金は、無限ではありません。だからこそ、現実をふまえ、「なににお金を使うのか」に優先順位をつけていくことが大切です。どんな選択をすれば自分がより納得できるのか、どんな方法で対応するのがより適切なのかを考えるには、現実に合った正しい知識も必要です。

「お金」という切り口から自分を見つめ直し、正しい知識や情報にもとづいたマネープランを考えていければ、「自分らしい暮らし」に少しずつ近づくことができるはずです。

　では、次のページで「お金」をふまえた「自分らしい暮らし」を考えていきましょう！

「自分らしい暮らし」と「お金」の関係

理想とする「自分らしい暮らし」の中心には「価値観」がある。

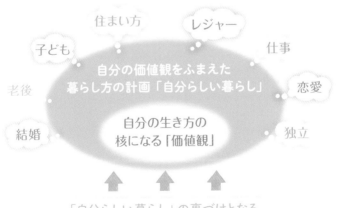

住まい方　レジャー　子ども　仕事　老後　恋愛　結婚　独立

自分の価値観をふまえた
暮らし方の計画「自分らしい暮らし」

自分の生き方の
核になる「価値観」

「自分らしい暮らし」の裏づけとなる
お金の準備（マネープラン）

過去・現在・未来の「自分」

　ここで、10年後までの「自分らしい暮らし」を具体的に考えていきます。5年前は自分がどんな暮らしをしていたか、今はどうか、そして将来どう暮らしたいのか、具体的に書き出してみましょう。

	5年前　　　歳	今　　　歳
どこに住んでる?		
家族は?		
仕事は?		
やるべきこと、したいことは?		
必要なお金は?		

「やるべきこと、したいこと」には、趣味や
ボランティア、レジャー、留学、地域活動、旅行など、
取り組みたいことを具体的に書いていきます。
常識や状況に縛られることなく、
自由に思いを巡らせましょう！

清水先生

3年後 歳	5年後 歳	10年後 歳

1章

家計を振り返る

家計の現状を 知ろう

「自分らしい暮らし」を実現するには？

　8・9ページで書き出した「自分らしい暮らし」を現実のものにするための第一歩となるのが、お金を切り口に自分を知ることです。いくらのお金が入り、いくら出ているのか、あるいはどこにどのくらいお金が流れているのかを把握します。

　では、すでに金額が確定している昨年1年間の収支データを用意しましょう。源泉徴収票など、資料を見ながら書き出していきますよ！

家計の現状把握の流れ　　下の5つの項目にそって、あなたの家計を振り返りましょう！

❶ 収入 …P12〜15
給与明細や源泉徴収票で手取り収入をチェック

↓

❷ 貯蓄と支出 …P16〜19
貯蓄と支出を把握し、それぞれの内訳を整理

↓

❸ 収支決算 …P20〜21
収入、支出、貯蓄の総まとめと分析

↓

❹ 収支の予測 …P22〜29
5年先までのライフイベントとお金の未来予想

↓

❺ 資産と負債 …P30〜32
資産を手放しても負債が残らないバランスの把握

実際に使えるお金はいくら?

収入は「年収」ではなく「手取り収入」で把握

手取り収入とは、支給される給料から税金や社会保険料を差し引いた、実際に使えるお金のこと。

では、その金額を把握するには、なにを見ればいいのでしょうか?

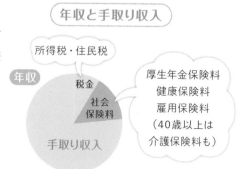

年収と手取り収入

所得税・住民税

年収

税金

社会保険料

手取り収入

厚生年金保険料
健康保険料
雇用保険料
（40歳以上は
介護保険料も）

手取り収入はいくら?

会社員・公務員の場合

昨年の「源泉徴収票」と「住民税決定通知書」を使って計算すれば、手取り収入はカンタンに計算できます。源泉徴収票は年末に、住民税決定通知書は毎年5月中に会社から配布されます。この2つの書類を使うと、月単位ではなく年単位の手取り収入が一気に把握できます。

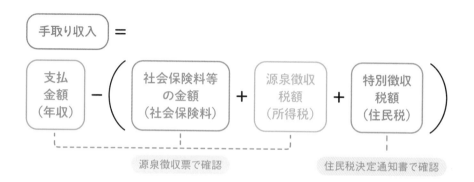

手取り収入 =

支払金額（年収） − (社会保険料等の金額（社会保険料） + 源泉徴収税額（所得税） + 特別徴収税額（住民税）)

源泉徴収票で確認 　　　　　住民税決定通知書で確認

源泉徴収票のチェックポイント

社会保険料等の金額
健康保険料や厚生年金保険料などの合計額

支払金額
税込みの年収額

源泉徴収税額
年末調整後の正しい所得税の年額

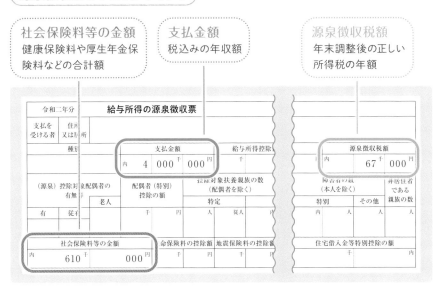

住民税決定通知書のチェックポイント

特別徴収税額
住民税の年額

自営業者・フリーランスの場合

事業売上から個人に支払った生活費（青色申告書であれば「事業主貸」）の金額から、昨年1年間の所得税と国民年金保険料、国民健康保険料（40歳以上は介護保険料も）、住民税納付書にある年間住民税額を引いて計算します。

暮らしは使えるお金の範囲内で

「自分らしい暮らし」を考えていくうえで、手取り収入の把握は不可欠。たとえば住宅ローンを借り入れるとき、銀行は源泉徴収票等をベースに「貸せる金額」を示します。しかし、かならずしも「貸してくれる金額」が「返せる金額」とイコールではありません。どのような暮らしを望んでいても、自分が実際に使える金額の範囲で暮らすことが基本だからこそ、その金額を把握しておくことはとても大切です。

★ あなたの手取り収入は？

「支払金額」から「社会保険料等の金額」、「源泉徴収税額」、「特別徴収税額」を引きます。

		年の実績
支払金額		円
社会保険料等の金額	－	円
源泉徴収税額	－	円
特別徴収税額	－	円
手取り収入		円

給与明細で手取り収入は計算できる？

「手取り収入を把握する」というと、年に一度しか届かない源泉徴収票よりも、毎月もらえる給与明細書のほうがすぐに計算できるのに……と思うかもしれません。

　では、下の給与明細書の例を見てみましょう。①「勤怠」をベースに②「支給」が計算され、③「控除」を差し引いて、④「差引支給額」が決まります。この額が給料口座に振り込まれますが、時間外手当やボーナスがある場合は、毎月の収入にばらつきが生じますし、天引きされているとはいえ、財形貯蓄や生命保険料は手取り収入の一部。そのため、給与明細から手取り収入を把握しようとすると少し手間がかかるのです。

給与明細書のチェックポイント

① 勤怠
勤務状況に関する項目

② 支給
支払われる項目

部門名	社員番号		氏名		
① 勤怠	出勤日数	欠席日数	有給休暇	慶弔休暇	
	20				
② 支給	基本給	役職手当	資格手当	家族手当	時間外手当
	200,000				10,000
	休日出勤手当	通勤手当	住宅手当		
		10,000			
③ 控除	健康保険	介護保険	厚生年金	雇用保険	社会保険料計
	11,000		20,130	660	31,790
	所得税	住民税	財形貯蓄	積立金	生命保険料
	3,980	10,054	10,000		7,000
			総支給額	総控除額	④ 差引支給額
			220,000	62,824	157,176

③ 控除
総支給額から天引きされる項目

④ 差引支給額
最終的な振込額

いくら使って、いくら貯まった？

家計簿いらずの支出チェック法

手取り収入が把握できたら、次は支出です。

家計簿をつけている場合は、1月から12月までの支出の合計額を転記するだけ。

家計簿をつけていない場合でも、手取り収入から昨年1年間で貯められたお金（年間貯蓄額）を引けば、使ったお金（年間支出額）がカンタンに把握できます。年間貯蓄額は、預金通帳や財形貯蓄の通知書などで確認しましょう。

年間支出額 ＝ 手取り収入 － 年間貯蓄額

家族分も合算

預金通帳、証券会社の残高通知書、財形貯蓄の通知書などの合計額

コラム

すべての口座、管理できてる？

年間貯蓄額を把握する際、口座が多すぎて大変だと感じるかもしれません。

口座が多すぎると管理が面倒ですし、そもそもどこにどれだけお金があるのかすらわからない状態は避けたいですよね。これを機に、あまり使っていない口座を解約したり、集約することも検討してみたほうがいいかもしれません。

★ まずは1年間で貯められたお金を計算しよう！
貯蓄している金額を書き出し、すべて足します。

年版

貯め方	金額
口座に残った分 （年末の残高から年初の残高を引く）	円
毎月の積立分	円
ボーナス等からの積立分	円
不定期の預け入れなど	円
投資に回した金額	円
年間貯蓄額	円

★ 1年間で使ったお金はいくら？

年版

手取り収入　　　　　　　　　　年間貯蓄額

円 －　　　　　　　　　円

　　　　　　　　　　　　　　　年間支出額

＝　　　　　　　　　　円

使ったお金の額に
びっくりするかもしれませんが、
めげずに先に進みましょう！

17

支出を目的別に整理する

　次に、「家計の出口調査表」で、なになにいくら使ったのかを振り返りましょう。下の例では、「目的別」に項目を設定しました。

　口座振替やキャッシュレス払いは、データで確認を。なにに使ったかわからない現金支出は、必要性の低い支出。その金額は、来年は貯蓄に回せる額になりそうですね。

家計の出口調査表の例

いざというときも削れない、暮らしに最低限必要な項目

家賃や火災保険料、住宅ローン返済額、固定資産税、修繕積立金や町内会費など、家に関する費用

子どもがいる限りかかり、独立するとゼロになる費用

生命保険や医療保険などヒトがらみの保険

項目は自由です！
「趣味」欄をつくるなど、暮らしに合わせてカスタマイズOK！

基本生活費	食費		
	水道光熱費・通信費		
	被服費・生活雑貨		
	医療費		
	交通費・雑費		
		小計	2,400,000 円
住宅関連費	家賃・住宅ローン		
	火災保険料		
	税金		
	修繕費・その他		
		小計	1,560,000 円
子ども関連費	保育料・シッター等		
	おもちゃ・衣服		
	おむつ・その他		
		小計	600,000 円
保険料	定期付終身保険		
	終身医療保険		
		小計	320,000 円
自動車関連費	自動車ローン		
	ガソリン・洗車・整備費その他		
	自動車保険料・税金		
		小計	500,000 円
交際費	外食・レジャー		
		小計	360,000 円
一時的支出	冠婚葬祭費		
	家族旅行・電化製品の買い替え		
		小計	290,000 円
		年間支出額	6,030,000 円

年版

基本生活費

	小計		円

住宅関連費

	小計		円

	小計		円

	小計		円

	小計		円

	小計		円

	小計		円

	年間支出額		**円**

家計を知る
貯蓄と支出

家計を管理する

年間の収支を整理しよう!

通信簿で家計の総まとめ

　収入と支出が把握できたら、そのデータで「家計の通信簿」をつくり、分析してみましょう。

　まずは14ページで把握した手取り収入を、右ページの「手取り収入」の欄に記入します。夫婦で共働きの場合は合計額を。それ以外の収入がある場合、その年額も含めます。

　17ページで計算した年間支出額と年間貯蓄額も記入します。支出は、19ページの「家計の出口調査表」をもとに、項目ごとに記入してもいいですね。

家計の通信簿の例 ｜ 家族構成：夫（32歳・会社員）、妻（32歳・会社員）、長男（2歳）

手取り収入	6,480,000円
本人	3,150,000円
配偶者	3,150,000円
児童手当	180,000円
年間支出額	6,030,000円
基本生活費	2,400,000円
住宅関連費	1,560,000円
子ども関連費	600,000円
保険料	320,000円
自動車関連費	500,000円
交際費	360,000円
一時的支出	290,000円
年間貯蓄額	450,000円

児童手当など一時収入も含める

19ページの各項目の金額を転記する

★ あなたの家計の通信簿をつくろう！　**年版**

手取り収入		円

年間支出額		円
	基本生活費	円
	住宅関連費	円
		円
		円
		円
		円
	一時的支出	円

年間貯蓄額		円

なにがあっても倒れない「強い家計」にするには？

　基本生活費は最低限の生活支出で、住宅関連費は住まいを変えない限りは調整しにくい支出。子ども関連費は、自立するまで続く支出です。支出の特性をふまえて、現状維持に必要な手取り収入が最低いくらかを把握しておきましょう。収入減や思わぬ支出があっても、年間貯蓄額の範囲内であれば貯蓄を取り崩すことなく対応できるので、年間貯蓄額が多いほど、危機に強い家計といえます。

　では、あなたの貯蓄はどうか、次のページで確認しましょう。

5年後の家計はどうなる？

今の収支で未来を予測する

21ページの「家計の通信簿」でまとめた年間収支と貯蓄残高を使って、「お金の未来予想表」をつくりましょう。この先、「自分らしい暮らし」がスムーズに実現できるのかを確認し、分析します。

お金の未来予想表の例

昨年の家計の
実績が出発点

項目／年	2020	2021	2022
本人	31歳	32歳	33歳
配偶者	31歳	32歳	33歳
子	1歳	2歳	3歳
ライフイベント	保育園入園		
本人手取り収入	315	315	315
配偶者手取り収入	315	315	315
一時的収入（児童手当）	18	18	12
収入合計：A	648	648	642
基本生活費	240	240	240
住宅関連費	156	156	156
子ども関連費	60	55	45
保険料	32	32	32
自動車関連費	50	50	50
交際費	36	36	36
一時的支出	29	30	30
支出合計：B	603	599	589
年間収支：C（A−B）	45	49	53
貯蓄残高（前年残高＋当年のC）	400	449	502

家族や家計を共にする人の名前と年齢

子どもの入学や旅行などのイベントのほか、住宅や車・家電製品の買い替えなど

予測と分析の方法

　まず、昨年の収入、支出、年間収支、貯蓄残高の欄にこれまでに把握した金額を記入し、それ以降の年は予測を立てていきます。

　下の例では、収入と、子ども関連費や一時的支出を除いた支出は、現状維持をする前提。ですが、車を買い替える2025年には、貯蓄を大きく取り崩すことに。

　子どもが中学校に上がる2032年以降、教育支出が大幅に上がるのに備え、今のうちに貯蓄を増やしておきたいところです。

単位：万円

	2023	2024	2025	2026
	34歳	35歳	36歳	37歳
	34歳	35歳	36歳	37歳
	4歳	5歳	6歳	7歳
			車買い替え	小学校入学
	315	315	315	315
	315	315	315	315
	12	12	12	12
	642	642	642	642
	240	240	240	240
	156	156	156	156
	45	45	45	50
	32	32	32	32
	50	50	270	50
	36	36	36	36
	30	30	30	30
	589	589	809	594
	53	53	− 167	48
	555	608	441	489

手取り収入は5年間変わらないと想定

車の買い替えで貯蓄が大幅減に！

5年後も貯蓄がさほど増えていない……　→　見直しの必要あり！

23

納得できる未来予想に変えよう！

　分析して課題を見つけたら、支出の見直しを反映した未来予想表を作成します。下の例では、2022年から見直しをしました。

　その結果、2026年の貯蓄残高は1000万円超と大幅アップの予測に。というように前提条件次第で結果は変わるので、試算を繰り返してみて納得できる未来予想になったら、実行していきましょう！

②グループ保険に変更

お金の未来予想表の見直しの例

項目／年	2020	2021	2022	
本人	31歳	32歳	33歳	
配偶者	31歳	32歳	33歳	
子	1歳	2歳	3歳	
ライフイベント	保育園入園		生命保険 見直し 車を手放す	
本人手取り収入	315	315	315	
配偶者手取り収入	315	315	315	
一時的収入（児童手当）	18	18	12	
収入合計：A	648	648	642	
基本生活費	240	240	228	
住宅関連費	156	156	156	
子ども関連費	60	55	45	
保険料	32	32	7	
自動車関連費	50	50	20	
交際費	36	36	36	
一時的支出	29	30	30	
支出合計：B	603	599	522	
年間収支：C（A－B）	45	49	120	
貯蓄残高 （前年残高＋当年のC）	400	449	569	

①生活費と混ざり、使ってしまっていた児童手当を、2022年から積立預金に回す

③カーシェアに切り替える

見直し内容とその効果

① 児童手当を生活費に混ぜず、振り込まれたら即、積立預金へ。

　→ 基本生活費が年間12万円減！

② 生命保険を、夫婦ともに勤務先のグループ保険に。

　→ 生命保険料が年間25万円減！

③ マイカーは処分し、カーシェアリング会員に。

　→ 自動車関連費が年間30万円減！ さらに2025年の220万円
の車両購入支出は0円に！

単位：万円

2023	2024	2025	2026
34歳	35歳	36歳	37歳
34歳	35歳	36歳	37歳
4歳	5歳	6歳	7歳
			小学校入学
315	315	315	315
315	315	315	315
12	12	12	12
642	642	642	642
228	228	228	228
156	156	156	156
45	45	45	50
7	7	9	9
20	20	20	20
36	36	36	36
30	30	30	30
522	522	524	529
120	120	118	113
689	809	927	1040

5年後の貯蓄残高
は2.5倍以上に！

「今」のお金の未来予想表

★ 22・23ページの例をもとに、昨年から5年後までの未来予想表を作成してみよう！

項目／年	昨年		今年		1年後
	年		年		年
	歳		歳		歳
	歳		歳		歳
	歳		歳		歳
	歳		歳		歳
ライフイベント					
本人手取り収入					
一時的収入					
収入合計：A					
基本生活費					
住宅関連費					
一時的支出					
支出合計：B					
年間収支：C （A－B）					
貯蓄残高 （前年残高＋当年のC）					

2年後	3年後	4年後	5年後
年	年	年	年
歳	歳	歳	歳
歳	歳	歳	歳
歳	歳	歳	歳
歳	歳	歳	歳

「見直し後」のお金の未来予想表

★ 26・27ページの未来予想表から、家計の見直しをした未来予想表を作成してみよう！

項目／年	昨年 年	今年 年	1年後 年
	歳	歳	歳
	歳	歳	歳
	歳	歳	歳
	歳	歳	歳
ライフイベント			
本人手取り収入			
一時的収入			
収入合計：A			
基本生活費			
住宅関連費			
一時的支出			
支出合計：B			
年間収支：C（A−B）			
貯蓄残高（前年残高+当年のC）			

単位：万円

2年後	3年後	4年後	5年後
年	年	年	年
歳	歳	歳	歳
歳	歳	歳	歳
歳	歳	歳	歳
歳	歳	歳	歳

資産と負債の
バランスも大事！

大きな買い物をする前に……

　家の購入など金額の大きい買い物をするときは、収支はもちろん、資産と負債のバランスを考慮することも大切です。そこで、わが家の資産がどれだけあって、借金がどれだけあるか、把握します。

　次の例を参考に、昨年末時点の資産と負債を32ページの表に書き出してみましょう！

資産の例

単位：円

		商品名	契約先	残高
資産	①金融商品	生活用預金口座	○○銀行	350,000
		定期預金（6か月）	○○銀行	3,000,000
		給与口座	△△銀行	100,000
		財形貯蓄	△△銀行	360,000
		投資信託(○○インデックスファンド)	■■証券	160,000
		投資信託（▲△アクティブファンド）	■■証券	30,000
		小計		4,000,000
	②不動産・その他（時価）	マンション		20,000,000
		自家用車		200,000
		小計		20,200,000
	総資産	計		24,200,000

① 金融商品
預金や投資信託、財形貯蓄、貯蓄型保険など。
投資信託など投資型商品は時価額を、貯蓄型保険は現時点での解約返戻金（へんれいきん）の額を記入。保険の解約返戻金の額は、保険会社に問い合わせる。

② 不動産・その他
住宅や自家用車、その他の実物資産があれば、時価で記入。たとえば、新築マンション分譲価格には、不動産業者の利益や広告費なども含まれているので、購入直後であっても、時価は分譲価格より2割減ると考える。

負債の例

	負債種類（返済完了時期）	金利	残高
③ 不動産	マンションの住宅ローン（○○年△月まで）	0.8%	28,700,000
		%	
		%	
	小計		28,700,000
④ その他		%	
		%	
	小計		0
総負債	計		28,700,000

負債

③ 不動産
住宅ローンとその金利。

④ その他
自動車のローンや奨学金など。返済が終わる期日や金利も記入する。

負債が多いと赤信号！

　資産と負債が把握できたら、総資産額から総負債額を引いて、「正味財産（しょうみ）」を計算します。この正味財産がプラスになったらひと安心。もしも資産より負債のほうが多くなったら、「債務超過（さいむちょうか）」といわれる、企業なら倒産寸前の赤信号です！

正味財産	総資産額	総負債額	正味財産
	24,200,000円 － 28,700,000円 ＝ － 4,500,000円		

　この例では、総資産2420万円に対し、総負債は2870万円。すべての資産を売ったとしても450万円の負債が残る、債務超過の状態です。少ない頭金で多額の住宅ローンを組み、手元資金があまり残っていない状態では、不測の事態が起きたとき、身動きがとれなくなってしまいます。

★ あなたの資産と負債はいくら？　　　単位：円 .... **年版**

資産

	商品名	契約先	残高
金融商品			
	小計		
不動産・その他（時価）			
	小計		
総資産	計		

負債

	負債種類（返済完了時期）	金利	残高
不動産		%	
		%	
		%	
		%	
	小計		
その他		%	
		%	
		%	
	小計		
総負債	計		

正味財産

（総資産額）	（総負債額）	（正味財産）
円 −	円 =	円

支出の見直しポイントは？

　支出の見直しといっても、なにをどのくらい削減すればいいのかと迷ってしまう方もいるのでは？　そこで、固定費のなかでも比較的カンタンに見直せる4つポイントをご紹介します！

　まずは、生命保険。1世帯あたりの平均支出額は年間38万円*と、大きな支出です。保険金額の減額や、貯蓄型生命保険なら割安な掛捨型に乗り換えれば、大きな削減に！（→64ページ）

　2つめは、民間医療保険。加入する公的医療保険の給付内容を確かめ、「どこまで給付を受けられ、自己負担はいくらになるか」を知ることが第一歩です。そのうえで、「保険や貯蓄など、どんな準備が合理的か」を考えましょう！（→44ページ）

　3つめは、通信費。インターネット回線、固定電話、携帯電話、ケーブルテレビ……と、けっこうな支出になるものです。いまや携帯電話は1人1台の時代。格安SIMにも通話し放題が登場し、1台5000円以上のコストダウンも！　使わなくなった固定電話や、あまり見ていないケーブルテレビも、再検討の対象です。

　最後は、マイカーです。居住地や暮らし方によっては必需品ですが、公共交通網が整備された都市圏の週末ドライバーなら、手放せばかなりの削減に。手放した後も利便性を維持したいなら、カーシェアリングサービスを利用する選択もあります。家計にも地球環境にもやさしい、合理的な選択肢。要チェックです！

カーシェアの利用方法

近くのカーステーションへ

車に乗っておでかけ！

スマホで会員登録・予約

＊　生命保険文化センター「平成30年度　生命保険に関する全国実態調査」

家計簿いらずの
カンタン家計管理

どうしても家計簿が続かなくて、家計をきちんと把握できていません。先生は、やっぱり家計簿は完璧ですよね。どんなふうに家計管理をしているんですか？

30代・女性・主婦

じつは私、家計簿は一度もつけたことがありません。家計管理に関してやったことといえば、20年ほど前に現在のしくみを整えただけ。ですが、わが家のお金がどのように流れているかは完ぺきに把握しています。

家計管理ってなんのため？

そもそも家計管理の目的は、日々家計簿をつけて節約に励むことではありません。

私たちはそれぞれ、大事にしている「自分らしい暮らし」のスタイルがありますよね。その維持や実現のためには、自分が必要とするとき、必要なだけのお金が確保されていることがなにより大切です。

でも、使えるお金は無限大ではないので、支出に優先順位をつけていくことになります。場合によっては支出額を見直していく必要もあるかもしれません。

ただ、それらの作業がいくら重要でも、あまりに難しかったり、面倒だったりしたら続けられませんよね。では、どうしたらいいのでしょうか？

うまく管理するには？

　家計管理を続けるには、自分に合ったしくみを整えることが大切。いまひとつうまくいかない、またはどうしていいかわからない人は、私も実践している「カンタン家計管理」を試してみてください。これまでセミナーやコンサルティングでたびたびご紹介してきましたが、「これならできる！　さっそくやります！」という声や、「実践しました！　すごくラクに家計が把握できるようになりました！」と、うれしいご感想をいただくことも。

　方法は難しいことも複雑なこともなく、シンプルそのもの！　さらに2020年の春からは、新型コロナウイルスの感染防止を目的に、キャッシュレス決済を取り入れた「新・カンタン家計管理」にアップデートしました。でも基本のしくみは、コロナ前後で変わっていません。自分に合う方法を見つけてくださいね！

高利息の「リボ払い」は避けて！

　日々の暮らしのなかでは、医療費がかかったり、家電製品が壊れたりと、思わぬ出費がかさむことも。そんなときは、手元の現金でどうにかやりくりするしかありません。

　もし、手元にお金がないからと、月々の返済額を抑えられる「キャッシングリボ払い」を利用したらどうなるでしょう？

　あるカードローンの借入金利は年18.0％。たとえば20万円借りて、毎月5000円ずつ返済すると、完済まで5年以上（61回）、総返済額は30万4980円に！　利息だけで10万円超ですから、結果的にお金がさらに減り、「自分らしい暮らし」にも影響してしまいます。キャッシングしないで済むように、ある程度の事態に対処できるお金が手元にあることは、とても大事です。

現金版「カンタン家計管理」

「カンタン家計管理」は、昔風にいえば「袋分け」。目的別に予算を決め、お財布を分けて管理して、その範囲でお金を使います。こうしておけば、なににいくら使ったか、わからなくなることはありません。

自営業者である私は、自分で給料を決め、月末に一定額を貯蓄、一定額を生活費の口座に、それぞれネットバンキングで振替えます。

残った分を貯めるというやり方ではなかなか貯めづらいです。なので、お金を貯めたいなら先取り貯蓄が基本。給与から天引きして貯蓄する「財形貯蓄」が勤務先にあるなら利用してもいいですし、なければ給料日に口座から定期預金に自動振替するしくみを整えれば完了です。

現金版「カンタン家計管理」のしくみ

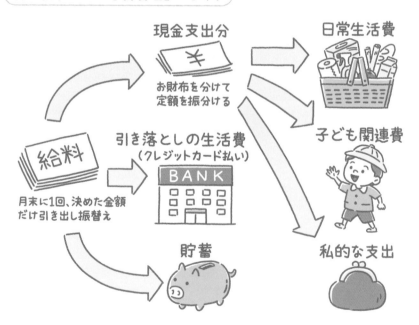

生活費はひとつの口座に

　家賃や水道光熱費、生協購入費などの欠かせない日常生活費は、すべてひとつの口座にまとめて引き落としています。その際、振替える金額に少し余裕をもたせておくのもポイント。冷蔵庫やエアコンといった家電製品の多くは生活必需品で、壊れたときに買い替えないわけにいきません。毎月、少しずつお金を貯めておけば、故障時の突然の買い替えでも慌てずに、ここから出すことができます。

　日常生活費をひとつの口座にまとめておくと、最低限必要な支出額が把握できます。そうすると、収入が急減するような"もしも"のときに、生活を守るためにはいくら必要で、どんな対応をすればいいのかを、あらかじめ考えておくことができるのです。

財布は目的別に使い分け

　銀行に行くのは月1回だけで、1か月の予算分の現金をまとめて引き出します。引き出したお金は、目的別に「日常生活費」「子ども関連費」「私的な支出」の3つの財布に分けて使います。振替額や引き出す額は、必要に応じて毎年見直します。

日常生活費

日々の生活雑貨やスーパーで調達する食料品、必要な衣料品などの生活費

子ども関連費

学用品や習い事、小遣いや医療費に至るまで、子どもにかかる費用

私的な支出

ランチ代や交際費、レジャーなど、自分で使う費用

コロナ禍でキャッシュレス中心に

　私が20年続けてきた36ページの家計管理法に、厚生労働省も推奨する「衛生的な決済手段」、すなわちキャッシュレス決済を2020年の春から取り入れました。

　現在、ほとんどの人が現金だけでなく、Suica、クレジットカードと、複数の決済手段を利用しています。さらに、バーコード決済、QRコード決済と手段が増えると、お金の出口や支出目的がバラバラに。なにににいくら使っているか把握するのがますます難しくなります。

キャッシュレス決済の種類と決算方法

		決算方法（3種類）		
		あらかじめチャージして使う	銀行口座から後日引き落とされる	銀行口座から即時引き落とされる
決済の種類（2種類）	カードを使う	電子マネー（Suica／PASMO／WAON／nanaco等） プリペイドカード（LINEPayカード／auPAY プリペイドカード等）	クレジットカード	デビットカード
	スマホを使う	PayPay／LINE Pay／楽天ペイ／iD等 d払い／auPAY（携帯料金払い）		BankPay

　「いちばんおトクなのはどれ?」と目が泳いでいませんか?　ですが、なにをどのような使い方をするかによっておトク度は変わり、「ソン・トク」ファーストで判断すると、肝心なところを見失いがちです。ここで目指すのは、スムーズで把握しやすい家計管理法ですから、そのためにキャッシュレスをどう取り入れるのがよいか、考えました。

キャッシュレス版「新・カンタン家計管理」

「カンタン家計管理」にキャッシュレス決済を取り入れても、しくみは以前と変わりません。原則、現金支出は子ども関連費のみ。日常生活費と私的な支出は「PayPay」かクレジットカードで支払います。

キャッシュレス版「新・カンタン家計管理」のしくみ

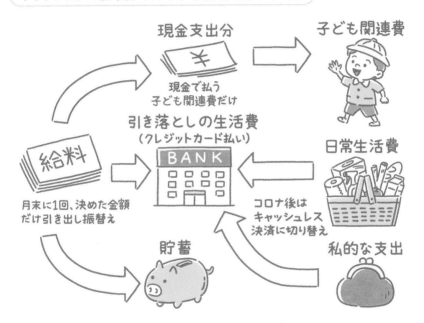

PayPayを選んだのは、使える店が多かったから。PayPayでの支払い方法は、銀行口座の預金をチャージする「前払い」と、クレジットカードと連携させる「後払い」があり、わが家では、日常生活費と私的な支出の2枚のクレジットカードとPayPayを紐づけ、「後払い」に。目的別に決済しています。

これで、PayPay決済を含めた1か月分の目的別支出のそれぞれを、クレジットカードの明細だけで一気に確認できます。お金の出口をひとつに絞れば、支出の把握はとてもカンタンです！

お金の流れの整理例

下の例のように、「カンタン家計管理」で
あなたの家計のお金の流れを整理してみましょう。

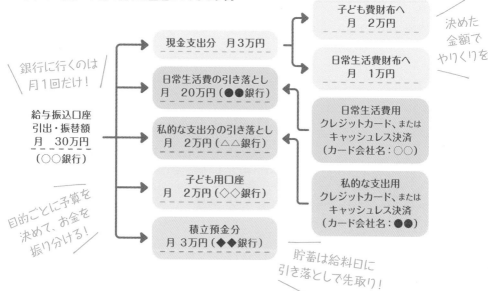

銀行に行くのは
月1回だけ！

給与振込口座
引出・振替額
月　30万円
（○○銀行）

現金支出分　月3万円

日常生活費の引き落とし
月　20万円（●●銀行）

私的な支出分の引き落とし
月　2万円（△△銀行）

子ども用口座
月　2万円（◇◇銀行）

積立預金分
月　3万円（◆◆銀行）

目的ごとに予算を
決めて、お金を
振り分ける！

子ども費財布へ
月　2万円

日常生活費財布へ
月　1万円

決めた
金額で
やりくりを

日常生活費用
クレジットカード、または
キャッシュレス決済
（カード会社名：○○）

私的な支出用
クレジットカード、または
キャッシュレス決済
（カード会社名：●●）

貯蓄は給料日に
引き落としで先取り！

コラム

予備の現金とセキュリティは大切！

　キャッシュレス決済にすると、現金をほとんど使わなくなりますが、コード決済やクレジットカード払いができない店もまだあり、キャッシュレスで完結はできません。

　スマホのバッテリー切れや自然災害による停電でキャッシュレス決済ができなくなる可能性もあるので、ある程度の現金を持ち歩くことは、今後も必要です。

　もうひとつは、セキュリティの問題です。スマホの生体認証や暗証番号を設定しておくなどの基本的な対策はもちろん、キャッシュレス決済の利用明細をこまめに確認しましょう。不正に請求されている場合は、すぐにカード会社や決済事業者に連絡を。

★ 家計簿なしでも家計を把握できるしくみに変えよう！

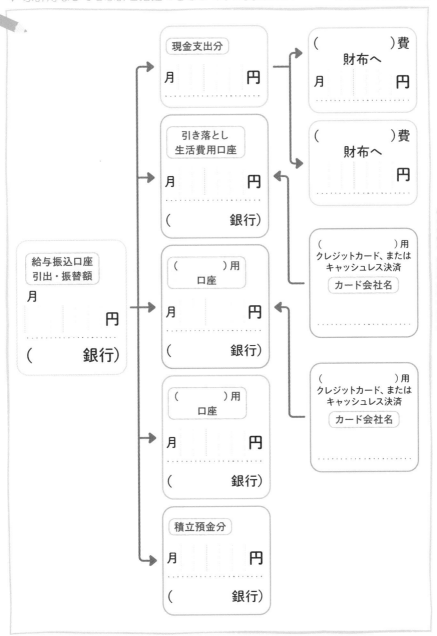

2章 常識をアップデート！

お金の常識は
親世代から変化している

時代にあったお金の知識をつけよう!

　親世代が自分たちの年齢だったころと比べると、私たちを取り巻く社会状況や経済環境は大きく変わっています。世の中が変われば、お金の常識も当然変わります。ですが、「社会人になったら保険」「結婚したらマイホーム」と、親世代の常識を素直に受け止めていませんか?　お金の常識をアップデートして、より「自分らしい暮らし」に近づいていきましょう!

備える (医療保険)…P44〜55
公的医療保険制度、入院に備える保険

備える (生命保険)…P56〜69
遺族年金制度、死亡に備える保険

住まう (住宅)…P70〜83
持ち家と賃貸、自分のスタイルに合った住まい方

育てる (子ども)…P84〜91
高騰し続ける学習費、教育資金の準備

育てる (老後資金)…P92〜103
公的年金制度、老後に備えた貯蓄の増やし方

支える (寄付)…P104〜107
被災地への寄付、ふるさと納税や自治体支援

医療保険、本当に必要?

　2020年3月、大学生の息子が新型コロナウイルスの感染を疑われ、3泊4日の隔離入院となりました。しかし、結果は陰性。咽頭炎でした。息子は民間医療保険に入っておらず、支払った医療費は総額で6万円弱。「そういうときこそ、医療保険よねー」と思うかもしれませんね。

　もし、入院すると1泊あたり5000円が給付される医療保険に加入していたら、3泊4日で1万5000円の給付金を受け取っていたことになります。でも、保険に入ると毎月保険料を支払うので、収支がプラスになることはなかったでしょう。それに比べ、今回の急な6万円弱の出費は痛いとはいえ、家計が傾くほどの金額ではありません。

　そう考えると、医療費の備えに医療保険は必要なのでしょうか?

医療費の自己負担額は上限あり!

　まず、医療費負担に過度な心配は無用です。健康保険証を提示して受ける通常の保険診療なら、医療費負担は一定額に収まり、重くならないようになっているからです。

　日本では誰もが公的医療保険に加入しています。現役世代は、会社員なら健康保険組合や協会けんぽ、公務員は共済組合、自営業者やフリーランスなら国民健康保険に加入しているはずです。当たり前のようですが、じつはこれ、「国民皆保険制度」という、世界でもかなり優れたすばらしい制度なのです。

公的医療保険制度の自己負担の割合は？ （年齢別）

年齢	加入する公的医療制度	医療費の自己負担割合
6歳未満（未就学児）	国民健康保険または被用者保険（協会けんぽ、健康保険組合、共済組合など）	2割
6〜69歳		3割
70〜74歳		2割（現役並み所得者は3割）
75歳以上	後期高齢者医療制度	1割（現役並み所得者は3割）

　海外に目を転じると、アメリカには国民皆保険制度がありません。公的医療保険は高齢者と低所得者向けのものだけで、そのほかの人は民間医療保険に加入することになります。医療費は世界一高く、自己破産の原因のトップは医療費が払えないことなのです。

　日本では、健康保険証を提示して診療を受ければ、現役世代の負担は原則、医療費の3割です。診療内容が同じなら全国どこでも同じ料金で平等に医療を受けられます。さらに、入院や手術をしたり、高い薬を使ったりして医療費がかさみがちな場合でも、1か月あたりの医療費負担は収入に応じた5区分（70歳未満）の上限額が設けられています。虫垂炎だろうとがんだろうと、それ以上の医療費はかからず、家計負担を軽減できるようになっているのです。

　このしくみを「高額療養費制度」といいます。

医療費の自己負担額は… 年収約370万〜770万円の場合。

怪我をして治療費が100万円かかった!!

通常の3割負担なら30万円の支払いだけど…

高額療養費制度で8万円ちょっとの支払いで済む!!

高額療養費制度のしくみ

申請すれば
受けられる
特例措置
（→右ページ）

高額療養費制度の区分と上限額

適用区分（年収）	ひと月当たりの医療費自己負担額の上限	多数回該当
住民税非課税世帯	3万5400円	2万4600円
～約370万円	5万7600円	
約370万～770万円	8万100円+ （医療費の総額－26万7000円）×1%	4万4400円
約770万～1160万円	16万7400円+ （医療費の総額－55万8000円）×1%	9万3000円
約1160万円以上	25万2600円+ （医療費の総額－84万2000円）×1%	14万100円

　たとえば、年収400万円の人が1か月でかかった医療費の総額が100万円だとすると、上の表から、

8万100円+（100万円－26万7000円）×1%=8万7430円

と計算でき、1か月あたりの負担額は8万7430円に。つまり、高額療養費制度が適用されると、3割負担（100万円×30％=30万円）にもならないのです。

　ですが、保険証の提出だけだと、病院の窓口で30万円を払うことになってしまいます。8万7430円の窓口負担で済ませるには、加入する公的医療保険から「限度額適用認定証」を取り寄せ、治療中に病院への提出が必要です。もし30万円を支払ったとしても、差額はあとで還付を受けられます。その場合は、加入する公的医療保険の窓口で2年以内に手続きをする必要があり、お金が戻ってくるのも3～4か月後。医療費がかさみそうなときは、かならず事前に認定証を取り寄せておきましょう。ただし、国民健康保険料を滞納していると認定証が交付されないので、フリーランスの方はご注意を。

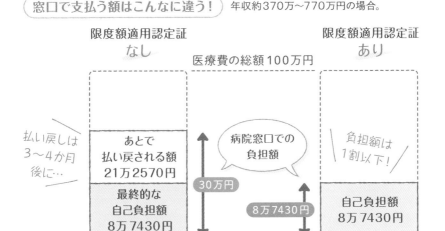

さらに自己負担額が減る特例も！

高額療養費は、医療機関が健康保険組合へ医療費を請求するために、行った処置や使用した薬剤等を記載する「診療報酬明細書（レセプト）」をベースに、月ごと、入院ごと、通院ごと、調剤ごとにそれぞれ計算されます。よって1週間の入院でも、同月内の入院と、ふた月にまたがった入院では、自己負担額が変わります。

家計負担を抑える特例措置もありますが、申請しないと受けられないので、自ら加入する公的医療保険に申し出る必要があります。

申請すれば受けられる特例措置

世帯合算　医療費の負担が2万1000円を超えたものであれば、1か月内の入院と外来、同じ医療保険に加入している家族の医療費などを合算して高額療養費の計算ができる

多数回該当　直近12か月以内に長期の診療等で高額療養費に3回該当すると、4回目から負担上限額が下がる

高額療養費制度の枠外でかかるのは？

入院時の食事代と差額ベッド料は高額療養費の枠外です。

食事代は1食460円。1週間入院して、1日3食とったとすると、9660円です。でも、普段でも食事をするので、特別大きな負担ではないかと思います。また、低所得者には減免措置があります。

入院時の食事代

所得区分	1食の金額
一般	460円
住民税非課税世帯	210円
住民税非課税世帯で、過去1年間の入院日数が90日を超えている場合	160円
住民税非課税世帯で、所得が一定基準に満たない70歳以上の高齢者	100円

一方の差額ベッド代は、部屋の広さや設備の要件を満たした病床でかかる料金で、全額が患者負担となります。個室に限らず、要件を満たせば4人部屋でもかかることがあります。

総病床数の5割（国立病院は2割、地方公共団体の病院は3割）を上限に、病院が独自に料金を設定しています。平均額は1日あたり6000円＊程度ですが、最低額は50円から、最高額は37万8000円と、病院や部屋によって金額に差があります。

差額ベッドは、よりよい環境で療養したい人の選択肢ですが、望まない人もいますよね。知っておきたいのは、差額ベッド代は患者が希望するときに払う費用であり、払わなくてもいい場合もあるということです。

　＊　中央社会保険医療協議会「第401回中央社会保険医療協議会・主な選定療養に係る報告状況」

同意しなければ差額ベッド代はかからない！

　病院から十分な説明が行われ、そのうえで患者が納得して同意書に署名したときは、患者は差額ベッド代を払わなくてはなりません。ですが、同意書による確認をしていない場合や、患者の希望ではなく治療上の必要があって利用する場合、病室に空きがないなど、病院の都合なら払う必要はありません。

　いざ入院となったとき、差額ベッド代のかかる部屋を望まないなら、同意書にはサインせずに、病院の患者相談室などで意向を伝えて相談してみてください。差額ベッド代のかからない部屋が空くまで待つことが可能か、病院と相談するのもひとつです。

病院が差額ベッド代を請求してはいけないケース

1　同意書による同意の確認をしていない場合

2　「治療の必要」によって特別療養環境室に入院させる場合

3　満床など、患者の意思ではない選択の場合

困ったときは相談を！

　電話で医療相談を受けている「ささえあい医療人権センターCOML」によれば、差額ベッド代をめぐる相談はとても多いのだそう。差額ベッド代について疑問があれば、電話相談で丁寧に答えてくださるので、困ったときのために覚えておきましょう。

認定NPO法人ささえあい医療人権センターCOML
詳細はホームページにてご確認ください。
https://www.coml.gr.jp/

健保組合・共済組合は自己負担２万円も！

高額療養費制度はどの公的医療保険にもある給付ですが、健保組合や共済組合に加入しているなら、組合による独自の「付加給付」も受けられ、自己負担がさらに下がる可能性があります。

給付内容は組合により異なります。たとえば、１か月の医療費が２万円を超えた分を給付する制度だとすると、入院しようが、医療費がどれだけかかろうが、１か月の自己負担は２万円だけ。健康保険の扶養となっている家族が対象になる場合も。払いすぎた分は、あとから給料と一緒に自動で還付されることが多いです（自ら申請が必要な場合もあります）。

健保組合のホームページや、健保だよりなどを確認してみましょう。差額ベッド代や食事代などの補助が受けられる場合もありますよ。

付加給付でさらに負担減！ 年収約370万〜770万円の場合。
付加給付が手厚ければ、医療費はあまり心配なさそう。

限度額適用認定証
あり

医療費の総額
100万円

勤務先から差額ベッド代や
食事代などの
補助が出る場合も

健保組合からの
付加給付！

健保組合から
あとで払い戻される額
6万7430円

病院窓口での
負担額
8万7430円

最終的な自己負担額
2万円

保険外診療は全額自己負担！

公的医療保険の対象になっていない、保険外診療についても触れておきましょう。新しい技術や新薬でも、安全性と有効性が国に確認された治療は、原則としてほぼ自動的に保険診療になります。一方、病気の治療を目的としないものや、安全性と有効性が確認されていない治療は、保険外診療として費用全額が自己負担になります。

自己負担になる保険外診療の例

歯列矯正

美容整形

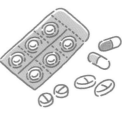

未承認薬

先進医療にも保険はきかない！

保険外診療のひとつに、国による一定の審査をうけた「先進医療」があります。その名称から「すばらしい、最先端の治療」と連想する人は多いのですが、これも安全性や有効性が確かめられてない点は、ほかの保険外診療と同じ。治療によって、完治する可能性もあれば、予期しない副作用が出る可能性もあります。

「先進医療特約」をつけられる民間医療保険は今どき一般的ですが、この特約はたとえ安全性が保証されていなくても患者が "試したい" というケースを給付金で後押しするもの。"最先端の治療が受けられ、病気が治る" というものではないのです。

民間医療保険は「入院お助けグッズ」！

　ここまでは公的医療保険の給付を中心にお話してきました。健康保険証を出して診療を受ける限り、実際の医療費の自己負担が最大どれくらいになるかがわかりましたね。もし1週間入院をすることになっても、家計へのインパクトは限定的で、手元のお金で入院費用をやりくりできる人が多いでしょう。

　民間医療保険は入院日数に応じて給付金を受け取る「入院お助けグッズ」で、通院だけでは給付されないことが多いです。通院の医療費は手元のお金から支払いをすることが多く、民間医療保険は、かならずしも医療費の備えにはならないのです。

がん保険に入ったほうがいい？

　がんになったときに受ける治療は、安全性や有効性が確認された保険診療が基本です。なので、ほかの病気と同じように高額療養費制度が利用でき、毎月かかるお金の上限も決まっています。ですが、がんは治療が長期に及んだり、再発の可能性があったりする病気。思いのほか長く仕事を休むことになってしまったり、高額療養費制度が使えても、治療が続いて医療費の負担が重くなることも。

　そこで支えとなるのが、割安な「がん保険」。最近は、入院せず通院だけの治療でも保障されるタイプもあります。オススメは、がんと診断されたときに200万円など、まとまったお金を一気に受け取れるタイプ。入院や通院の給付金を何度も請求する必要がなく、がんだと診断されたときだけ手続きをすればいいので、請求漏れも防げます。「先が長くなるかも……」と不安なときにまとまったお金を受け取れたら、まずは安心できますね。

終身医療保険でも「一生安心」はない？

老後が心配だから今から終身医療保険に、と耳にすることもありますが、今の30代が老後を迎えるのは30年後。社会保障制度も大きく姿を変えている可能性があります。

他国に比べ、急激に高齢化が進む日本の社会保障制度は、今まさに変わりつつあります。現在、高齢者の看取りの7割が病院で行われていますが、将来的には在宅での療養、介護、生活支援、そして看取りまでを行えるしくみを整えようとしています。このしくみが整えば、現在ほど入院をしなくなる一方、在宅で受けるケアなどにお金がかかるようになるかもしれません。

現在の民間医療保険は、あくまでも現在の公的医療保険制度の補完です。その公的医療保険制度が大きく変われば、入院を中心に給付を受ける保障は価値が下がってしまう可能性があります。

時代とともに適切な備えは変わります。「これさえあれば一生安心」は存在しないと心得ましょう。

どんな事態にも対応できる備えを！

保険は、家計では対応不能な経済的ダメージを回避するためのひとつの手段。給付を受けるには保険料の支払いも必要です。貯蓄など手元のお金で対応できる金額にもかかわらず、コストを負担してまで保険で備えることに合理性はありません。

私は、民間医療保険は「必要なリスク対策」というより、むしろ「ゆとり消費」に近いものと考えています。加入しようとしまいと手元のお金がさほどが変わらないなら、保険料を支払わず、自由になる手元のお金をできるだけ増やしておいたほうが、入院だけでなく、様々な事態に対応できるはずです。

Q1 加入している公的医療保険の給付は？

健保名 〔　　　　　　　　〕　　　　　連絡先 〔　　　　　　　　〕

高額療養費について

適用区分（年収）は？ （46ページ参照）　　　　　　　　　　　　円

医療費自己負担の月あたりの上限額は？ （46ページ参照）　　　　　円

4回目から（多数回該当）は？ （46ページ参照）　　　　　　　　　円

付加給付について＊1

自己負担の月あたりの上限額は？　　本人　　　　　　　　　　　　円

　　　　　　　　　　　　　　　　　家族　　　　　　　　　　　　円

手続きは？　　　　　　　必要　　　　　不要

払い戻し時期と方法は？

傷病手当金＊2の付加給付は？ （120ページ参照）　　　　　　　　円

入院時の食事代について

1食の金額は？ （48ページ参照）　　　　　　　　　　　　　　　円

その他の補助

（差額ベッド代・入院の補助）など　　　　　　　　　　　　　　円

　　　　　　　　　　　　　　　　　　　　　　　　　　　　　　円

　　　　　　　　　　　　　　　　　　　　　　　　　　　　　　円

＊1　健保組合、共済組合の独自給付。国民健康保険と協会けんぽは付加給付なし。
＊2　病気やけがで会社を欠勤したとき、日給の2／3が1年6か月にわたり健康保険から給付される。
　　　（会社員・公務員のみ）

Q2 加入・検討している民間医療保険は？

加入者名	保険会社名 プラン名	期間	1日あたり の給付金	年間保険料
			円	円
			円	円
			円	円
			円	円
			円	円
			円	円
			円	円

Memo

生命保険、入る？ 入らない？

30歳になる少し前、実家の両親から生命保険のパンフレットがどっさりと届きました。「いい年なんだから、そろそろ今後のことも考えて、保険ぐらい入りなさい」とのこと。親の言うように、社会人になったら保険の加入を検討すべきですか？

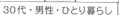

30代・男性・ひとり暮らし

じつは、こうした話をよく耳にします。「親が払ってくれていた保険を引き継いで、今さらやめられず……」というお悩みもしばしば。

この方は独身。生命保険に入るといったって、それはいったい誰のため？

そもそも、なんのために入るの？

現在、なんらかの生命保険に加入している世帯は約9割[1]。こう聞くと加入するのが当たり前のようですが、本当のところ、生命保険は「必要」でしょうか？

生命保険は、自分が死亡した後に、残された人が暮らしやお金に困らないようにするための経済的な対策。ということは、扶養家族がいない独身者が生命保険に加入する必要はありませんね。では、なぜ子どもが独身なのに、親が保険の加入をすすめてくるのか？　そこには、約30年前の日本の経済状況が大きく関係しています。

　　**1 生命保険文化センター「平成30年度　生命保険に関する全国実態調査」

親世代は保険で得した経験アリ

親が生命保険の加入をすすめてくるのは、親世代が今とはまったく違う経済環境だったときの"成功体験"があるから。

今から30年ほど前の1989年、日本はバブル景気の真っ只中。このときの定期預金の金利は、なんと年6%！　今では考えられないかもしれませんが、銀行に100万円を預けるだけで、1年後には106万円（税引前）になったのです。現在は空前の超低金利時代。2020年の定期預金の金利は年0.002%*2で、100万円預けたら1年後には100万20円（税引前）。30年前と比べるとびっくりしますね。ATM手数料1回分で1年の金利が吹っとぶどころか元本割れ。

同様に、貯蓄型の生命保険も「おトク」だと、たいへん人気でした。保険料を一括支払いで加入すると、10年後に払った金額の倍になって戻ることも少なくなかったからです。

定期預金の金利のいま・むかし

注意！ 貯蓄型保険で元本割れ!?

　30年ほど前までは「養老保険」がおトクで人気がありました。養老保険とは、決まった期間内に死亡すると死亡保険金が受け取れ、満期まで生存すれば死亡保険金と同額の満期保険金が受け取れる、貯蓄型保険のひとつです。

　30歳の男性が毎月7995円の保険料を払い、30年後に500万円の満期保険金を受け取る契約だと、支払う保険料の総額は30年で約287万円ですから倍近くに増えることに！ しかも5年超の貯蓄型保険は保険税制が適用されて一時所得扱いとなり、税務上も有利になります。とってもおトクですよね？ これなら、みんな加入するのも当たり前です。

　こうした成功体験から、親世代には「生命保険は貯蓄になる」とか「貯蓄型保険はおトク」という印象が深く刻み込まれているのです。

　では現在はどうでしょう。先ほどと条件が同じ養老保険に加入すると、月々支払う保険料はほぼ倍に。30年後に受け取る満期保険金は同じ500万円ですが、30年間で支払った保険料の総額はおよそ600万円と100万円近い元本割れ！ これでは貯蓄になりません。

養老保険のいま・むかし

30歳男性、保険期間30年、満期保険金500万円（無配当保険）の場合。

契約年	月払い保険料	総支払保険料	満期保険金ー総支払保険料
1989年	7975円	287万1000円	＋212万9000円
2020年	1万6620円	598万3200円	－98万3200円

月々の支払い額が倍以上に！

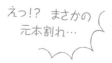

えっ!? まさかの元本割れ…

生命保険のしくみ

「生命保険は貯蓄になる」といいますが、そもそも保険は貯蓄とは異なるしくみです。

　貯蓄（預金）は、私たちが積み立てた総額に利息がつくもの。大きなお金になるまでに時間がかかりますが、積み立てたお金（元本）はすべて自分に戻ります。一方保険は、保険料を一度しか払ってなくても、保険期間中に死亡すれば保険金を満額受け取れますが、生存して満期を迎えたら、それまで支払った保険料はまったく戻りません（掛捨型の場合）。

　保険はいわば「助け合いクラブ」で、支払う保険料はその会費。100人が加入して仮に死亡率が1％とすると、死亡した1人が全員の支払った保険料の総額にあたる保険金を受け取ることになります。そして残りの99人は、なにも受け取れません。つまり保険とは、支払った保険料が自分のものとして積み立てられているのではなく、亡くなった人の遺族に渡すために、みんなで払った保険料が蓄えられているのです。これが、生命保険の基本的なしくみです。

生命保険は「助け合いクラブ」

1年間に1人が死亡する村で保険制度をつくったとすると、1人年間1万円の保険料（死亡保険料）を100人が支払えば、年間100万円の保険料が蓄えられる。その年に亡くなった1人に、みんなで蓄えた100万円が渡る。

保険料はどうやって決まる？

　生命保険料に含まれるものは、死亡したときのための「死亡保険料」だけではありません。保険会社が保険を運営するためには経費が必要ですから、私たちが支払う保険料には、そのための経費（付加保険料）が上乗せされています。

　貯蓄型保険は、満期のときに受け取るための保険料（生存保険料）もあわせて払っているため、さらに保険料が高くなります。

　では、58ページの養老保険のように、なぜ保険料はこの30年で大きく変わったのでしょうか？

　私たちが支払った保険料は、保険会社が国債を買ったり、株式や証券に投資したりして運用されています。そこで得られる運用収益を見込んで、その分保険料が割り引かれるしくみがあり、この割引率を「予定利率」といいます。予定利率が高いと割引率が大きく保険料は安くなり、逆に予定利率が低いと割引率が小さいので保険料は高くなります。

　つまり、30年前の養老保険は予定利率が高かったために、保険料が安く抑えられていたのです。「生命保険は貯蓄になる」のではなく、約30年前はたまたま予定利率が高く、貯蓄になり得る保険が存在した時期であったにすぎません。保険の貯蓄性は、予定利率次第で大きく変わるのです。

生命保険料に含まれるもの

付加保険料
保険会社の「経費」として使われるお金

純保険料
死亡保険料
死亡保険金を支払うために貯められる

生存保険料
（貯蓄型保険のみ）
満期保険金を支払うために貯められる

生命保険料

「いずれ結婚するから」は過去の話

　親世代が常識とした「社会人になったら生命保険」という考え。そういわれるようになったのには、保険の貯蓄性以外にも、その時代ならではの理由もあります。

　まず、今とは違う生命保険業界の商慣習がありました。保険会社の営業担当が、取引先が昼休みの時間に会社まで勧誘に来るというのが、当時は当たり前の光景でした。企業のセキュリティが厳しい今は、ほとんどないかもしれませんね。新入社員はこのときに生命保険をすすめられ、「一人前の証」として加入するという"習わし"がありました。貯蓄になるという大きなおまけがあるからこそ、必要性の低い保険も深く考えずに加入できたのでしょう。

　また、当時は結婚することが当然とされていた時代でもあります。いずれ家庭をもてば保険は必要になる、という感覚もありました。しかし、今は結婚しない人も増えています。単身者の死亡後、その生命保険金は誰が請求するのでしょう？　また結婚した場合も、共働きが多数派の現在、生命保険を必要としない世帯もあるでしょう。

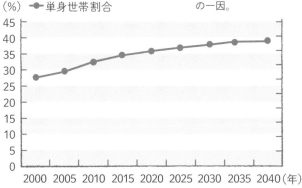

単身世帯は今後も増え続ける

未婚率の上昇のほかに、高齢者のひとり暮らしが増えることも、単身世帯増加の一因。

(%)　●─ 単身世帯割合

45
40
35
30
25
20
15
10
5
0

2000　2005　2010　2015　2020　2025　2030　2035　2040（年）

国立社会保障・人口問題研究所「日本の世帯数の将来推計（全国推計）2018 年」

知っておきたい「すでにある保障」

生命保険への加入が必要になる人とは、一家の生計を維持していて、扶養家族がいる人というのが基本。家族のために残すお金が必要なとき、生命保険を検討する前に、ぜひ知っておきたいのが、遺族年金や退職金などの「すでにある保障」です。

遺族年金の種類

公的年金の被保険者が亡くなったときに、年収850万円未満の遺族が受け取れる年金。

遺族基礎年金	18歳以下（18歳の年度末まで）の子どもがいる場合に受け取ることができる。子どもの人数によって金額は異なり、子どもが18歳の3月に支給はストップ。
遺族厚生年金	厚生年金加入者が死亡した場合、死亡した人の収入によって家計を支えられていた妻、もしくは18歳以下（18歳の年度末まで）の子どもが受け取ることができる。金額はそれまでの給料によって決まる。
中高齢寡婦加算	夫の死亡時に40歳以上で子どもがいない、もしくは遺族基礎年金の受給がストップした妻が受け取ることができる。

妻が受けられる遺族年金

会社員の夫が死亡したとき、18歳以下の子どもが2人いる場合。

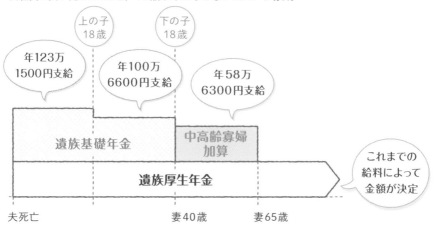

じつは「妻」のほうが生命保険は必要!?

世帯収入のなかで妻の収入の割合が高いほど、妻の死亡による家計ダメージは大きくなります。なぜなら、妻が死亡したときは、夫が死亡したときと比べて、遺族年金の給付が限定的だからです。

遺族基礎年金は、子どもがいる場合に受け取れるものなので、子どもが18歳になるまでは支給されます。でも、遺族厚生年金の支給対象は、妻と子。55歳未満の夫に受給資格はなく、こちらも子どもが18歳になると支給はストップ。残された夫には経済的に守ってくれるものがなくなってしまいます。なので、共働き世帯にとっては、生命保険の必要性は夫よりむしろ妻のほうが高いのです。

夫が受けられる遺族年金 会社員の妻が死亡したとき、18歳以下の子どもが2人いる場合。

上の子 18歳

下の子 18歳

年123万1500円支給

年100万6600円支給

支給がなくなる!

遺族基礎年金

遺族厚生年金

これまでの給料によって金額が決定

妻死亡

勤務先から支払われるもの

お勤めの人は、勤務先の退職金規定や、互助会や組合から受けられる給付を調べてみましょう。退職金制度があれば、在職中の死亡に退職金が支払われることがあります。死亡弔慰金や一時金が支払われることも。積算するとそれなりの金額になるかもしれません。

どの保険を選べばいいの？

　すでにある保障、また金融資産（預金や投資信託など）を確認したうえで、やっぱり保障が足りない……となったら、ここで生命保険の出番です。その際知りたいのは「どの保険を選べばいいの?」ということですよね。

　保険は家計にかかる「コスト」ですから、できるだけ割安なものがよいに決まっています。また、時間の経過とともに家族の状況も変わるので、その都度必要な保障額も当然変わってきますね。そこで、先々の変化に対応しやすいように、短い保険期間で、かつ割安な保険を選ぶことがポイントになります。

　まずは、勤務先に「グループ保険（団体保険）」の取り扱いがあるか確認を。グループ保険は保険期間1年の掛捨型の保険で、原則退職まで加入できます。その会社用にカスタマイズされ、契約の取り扱いや事務手続きは会社の福利厚生を管理する部署が行います。そのため保険会社の経費（付加保険料）が抑えられ、保険料はおおむね割安です。1年後、支払われた保険金が予測よりも少なく、集めた保険料に余りが出た場合、「配当金」として契約者に割り戻されるので、その場合は実質的な保険料がさらに割安に！

　グループ保険のしくみ　付加保険料が抑えられているので、保険料は比較的安い。集めた保険料に余剰が出たときは、配当金として還元される。

グループ保険がない場合は、ネットを通じて購入できる生命保険に、10年など短い期間で加入するといいでしょう。

　割安な共済もおすすめです。保険と同じしくみですが、運営しているのは非営利の生活協同組合。グループ保険と同じように、集めた保険料に余りが生じたときの割り戻しのしくみがあります。

子どもの成長とともに見直しを

　子どもを育てるのに必要な金額は、誕生時をピークに、成長につれ減っていくため、必要な保障額も年々減っていきます。更新時の状況に応じて、そのまま更新するか、保障額を調整するか検討を。子どもが独立したら保険は卒業です。

保障額の見直し　30歳男性、コープ共済「あいぷらす」の場合。10年ごとの更新の際に見直せば、30年間の生命保険料の総額は162万円に。見直さない場合と比べると、150万円以上も抑えられる！　こまめな見直しが大切。

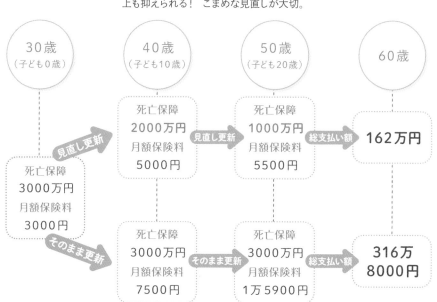

Q1 自分の死亡で、お金に困る人がいる？

誰？ 期間はいつまで？ いくら？

Q2 「すでにある保障」は？

❶ 勤務先からの給付

死亡退職金・弔慰金（支給額は退職金規定などを確認）

円

慶弔・災害見舞金（福利厚生規定などを確認）

円

その他

円

合計 円

❷ 遺族基礎年金の受給額は？

遺族厚生年金の金額（年間）※2020年度

遺族構成	配偶者＋18歳以下の子	18歳以下の子のみ
子ども1人	100万6600円	78万1700円
子ども2人	123万1500円	100万6600円
子ども3人	130万6500円	108万1600円

受け取る人 金額

円

❸ 今年の遺族厚生年金の受給額は？

ねんきん定期便から計算できる。見本は2020年4月〜2020年9月送付分。

ねんきん定期便の例（50歳未満）

1．これまでの保険料納付額（累計額）

（1）国民年金保険料 　　（第1号被保険者期間）		円
（2）厚生年金保険料（被保険者負担額）		
一般厚生年金期間		円
公務員厚生年金期間		円
私学共済厚生年金期間		円
（1）と（2）の合計		円

この定期便は、下記時点のデータで作成しています。
納付記録がデータに反映されるまで日数がかかることがあります。

国民年金および 一般厚生年金期間	公務員厚生年金期間 （国家公務員・地方公務員）	私学共済厚生年金期間 （私立学校の教職員）

「ねんきん定期便」の見方は、

ねんきん定期便 見方 検索

2．これまでの年金加入期間（老齢年金の受け取りには、原則として120月以上の受給資格期間が必要です）

国民年金（a）			船員保険（c）	年金加入期間合計 （未納月数を除く） （a＋b＋c）	合算対象期間等 （d）	受給資格期間 （a＋b＋c＋d）
第1号被保険者 （未納月数を除く）	第3号被保険者	国民年金 計 （未納月数を除く）				
月	月	月				

厚生年金保険（b）						
一般厚生年金	公務員厚生年金	私学共済厚生年金	厚生年金保険 計			
月	月	月	月	月	月	月

3．これまでの加入実績に応じた年金額

（1）老齢基礎年金		円
（2）老齢厚生年金		
一般厚生年金期間		円
公務員厚生年金期間		円
私学共済厚生年金期間		円
（1）と（2）の合計		円

お客様のアクセスキー

※アクセスキーの有効期限は、本状到着後、3カ月です。

右のマークは
目の不自由な
方のための
音声コードです。

❶ 給与に基づいた、現時点の厚生年金額

❷ 厚生年金に加入している期間

遺族厚生年金の計算（50歳未満の場合）

❷の加入期間が300月未満の場合は（　）内も計算する。

$$\text{❶ }\boxed{}円 \left(\times \frac{300月}{\text{❷}} \right) \times 0.75$$

$$= \boxed{}円$$

Q3 検討中の保険を比較すると？

保険会社・商品名	保険料						保険期間 (保険料払込期間)
（例） SBI生命「クリック 定期！Neo」	**保険金額**	2	0	0	0	万円	10年 （10年）
	月額保険料	1	7	4	0	円	
（例） 勤務先 「グループ保険」		2	0	0	0	万円	1年 （1年更新）
		2	3	2	0	円	
						万円	
						円	
						万円	
						円	
						万円	
						円	

Memo

（例）グループ保険は配当金あり。前年度は掛金の54％が戻った！

コロナ禍で保険の契約が増えた？

2020年は新型コロナウイルスの感染拡大で、先が見えない不安を感じる人が多かったのではないでしょうか？ そんななか、ネット生命保険や共済など、ウェブや通販を通じて加入できる医療保険等の契約が急伸。不安があると「いざというときは保険」となりがちですが、医療保険は入院時の費用をカバーするものです（→44ページへ）。

ですが、そもそもコロナ治療に自己負担はありません。2020年2月に指定感染症になり、医療費が公費負担になったからです。感染の疑いで行われるPCR検査も、重症化で用いられる人工心肺装置「ECMO」による治療も、日本では自己負担ゼロ。ホテル療養となったときも同様です。

ほかにも給付はあります。感染して仕事を休めば、会社員や公務員には健康保険や共済組合から日給の3分の2の傷病手当金が最長1年6か月支給されます。医療従事者等が業務上で感染となれば、労災の対象です。

私たちが困った事態に陥ったときは、このようにいくつかの公的給付で支えを得られるようになっていて、ここでの保険の優先度は低いです。ましてや保険に入ればコロナに感染しなくなるわけでもありませんね。

コロナ禍でとりわけ厳しい状況に置かれているのは、休業要請等で収入が激減した世帯。特別定額給付金ひとつとってみても、給付金額の決定に国会は紆余曲折。実際に給付されるまでにかなり時間がかかり、困っている世帯に速やかに支援が届きませんでした。

「いざというとき」のための医療保険も、ここではまったく役に立ちません。公的支援が不十分、かつ保険で備えることもできない……。こんな手の打ちようがないときが、本当の「いざというとき」なのです（支援策については108ページへ）。

終わりの見えないコロナ禍のなか、今後感染が再び拡大しても、すぐ倒れない健全性の高い家計を築くことが重要です。「いざというときのために」と保険を増やすより、わが家の保険のムダを見直し、できるだけ支出を減らして、家計に余裕をつくることを優先しましょう。

家、買う？ 買わない？

最近、友人から「家を買った」という話をよく聞くようになりました。じゃあ、うちも……と思うけど、人生でいちばん大きな買い物。いろいろ考えると、なにが正解かわからないです。どんなことを基準に住まいを考えたらいいですか？

30代・男性・夫婦2人暮らし

周りから「家を買った」と聞くと、つい「うちも、そろそろ!?」なんて焦ってしまう気持ちもわかります。でも、急いで決めないで。この先、どんな「住まい方」をするかは、人生を左右する重要な問題。

どこに住み、どんな家に暮らし、どのように地域とかかわるかなど、住まい方は「自分らしい暮らし」に大きく影響します。

「自分」にあった住まいを考える

住まいの選択でまず思い浮かぶのは、家を買うか、借り続けるか、ということでしょう。どっちが「おトク」なんだろう、と考える人もいますが、その答えは前提条件によっていくらでも変わるもの。

大切なのは「ソン・トク」を超えて、「自分らしい暮らし」にフィットする方法を選ぶこと。どんな住まい方を選んでもメリット・デメリットがあり、そもそも住宅関連費（家賃やローン返済、保険料など住まいにかかわる支出）がかかり続けることだけは変わりません。

では、「自分らしい暮らし」を実現するために、あなたが譲れない条件はなんでしょうか。まずはその条件を書き出してみましょう。

★「住まい」に求める条件は？（コスト面、自由度、安心、安全など）

（例）・月●万円までに負担を抑えたい
　　　・内装にこだわりたい

賃貸と持ち家の特徴をチェック

　自分の譲れない条件を書き出したところで、賃貸住宅と持ち家それぞれの特徴を確認してみましょう。「どっちがおトクか」だけでは語れない、様々な面が見えてくると思います。

　賃貸住まいの場合、自分の事情に合わせて住み替えることは、ある程度自由ですね。暮らし方、働き方の変化に柔軟に対応できる自由度が高い点が最大のメリットといえます。一方で、住まいを借りる限り、負担する金額は変わるにせよ、家賃の支払いは続きます。

　持ち家の場合、住宅ローンを完済すれば、その後は維持費のみで住み続けることができます。住まいが確保されているという安心感もありますが、数十年ローンを支払い続ける、簡単に引っ越しができないなど、購入後の暮らし方や働き方に、制限が出るという側面も。

賃貸と持ち家を比較してみる

自分が望む条件に合う特徴を探してみましょう。

賃貸住宅 / 持ち家

	賃貸住宅		持ち家
初期費用	敷金、礼金、仲介手数料、保証料		土地購入費、建築費、マンション購入費
継続してかかる費用	家賃、共益費、更新料、火災保険料、保証料		固定資産税、都市計画税*1、火災保険料、地震保険料、修繕費、メンテナンス費用、修繕積立金*2、管理費*2
住み替え	自由度が高い。年齢や収入などで、物件が限られる場合も。		自由度が低い。売却や貸し出しにコストと手間がかかる。買い手がなければ売却できず、借り手がつくとも限らない。
リフォーム	自由度が低い。DIY住宅など、リフォームの自由度を高めた住宅もある。		自由度が高い。
人間関係	とくに負担はない。		自治会や管理組合*2の活動が負担になることも。
災害時	住宅損壊時は住み替えが必要。		住宅損壊時は建て替えや修繕が必要。マンションでは修繕の際に住民合意（話し合い）が必要。

*1 市街化区域の場合
*2 マンションの場合

どちらにもメリット・デメリットあり！あなたの「譲れない条件」に合うのは？

持ち家の購入は"安全"重視で！

持ち家は、自分らしい暮らしを実現するためのもの。とはいえ"ツール"のひとつに過ぎません。そのツールに「自分らしい暮らし」をじゃまされては本末転倒。

持ち家を取得するなら、あらゆるリスクの可能性を考え、資金も十分に準備して臨むことが重要です。所在地の災害リスク、地盤や住宅の安全性、資金計画……と、事前に調べるべきことはたくさんあります。

購入前の"安全"チェック

	☑チェック項目	確認内容	参照先
住まい関連	☐ 災害リスク	ハザードマップなどで、立地の災害リスクや地盤の安全性を確認。	ハザードマップポータルサイト（国土交通省）
	☐ 耐震性	住宅性能表示制度などで、住宅の品質（耐震性など）を確認。	
	☐ 保険の加入	火災保険、地震保険に適切に入る。	→75ページ
資金関連	☐ 事前に準備するお金	頭金は物件価格の2割以上、自己資金は1割以上を目安に。購入後もお金を手元に残すことが大事。	
	☐ ローンの組み方	金利上昇リスクがない長期固定金利ローンを基本に。	
	☐ ローン完済計画	定年までに払い終わるプランを。	
	☐ ローン以外のコスト	固定資産税、火災保険料、メンテナンス料などがかかる。これらを見込んで無理のないローン返済額を考える。	

「家賃並みの返済額」だと、結局家賃よりコストがかかることに……

被災して家がなくなっても、ローンは残る…

超低金利が続いたこともあり、長期で多額の住宅ローンを組むことは、今どき珍しくありません。でも、ローン返済中に、自然災害で住宅が被害を受ける可能性もあります。

住宅を再建、修理をするには多額の資金が必要で、貯蓄で対応するのは難しいもの。「自分らしい暮らし」に望まない軌道修正を余儀なくされないように、事前準備が必要です！

被災時の公的支援はありますが、残念ながら限定的。「被災者生活再建支援制度」で受け取れる支援金は最大で300万円。住宅を失ってもローンの返済は続くうえに、新たな住まいのためのお金も必要になるのにこの額では足りない、と思いますよね。

支援金は、あくまでも生活再建を始める際のスタート資金。それだけで住宅再建は難しいのが現実です。

住宅に被害があったときにもらえるお金

1市区町村で10世帯以上が全壊となった災害等は、「被災者生活再建支援制度」が適用される。基礎支援金（住宅の被害程度に応じて支給）と加算支援金（住宅の再建方法に応じて支給）の両方を受け取ることができる。

被災者生活再建支援制度

基礎支援金	住宅の被害程度	
	全壊等	大規模半壊
支給額	100万円	50万円

加算支援金	住宅の再建方法		
	建設・購入	補修	賃借
支給額	200万円	100万円	50万円

火災保険と地震保険の備えは必須

　公的支援が限られ、かつ貯蓄では対応不能……。ここで役立つのが火災保険！　住宅や家財の損害に応じた保険金を受け取れます。

　とくに重視すべきなのが「風水災」の補償。これらの補償があるか、そして最大補償額がいくらなのか確認しましょう。

　今の住宅を建て直すのに必要な額で保険金額を設定、さらに適切な補償をセットして保険に加入しておけば、修理はもちろん、保険金だけで再建費用を賄えます。

災害時にダメージを受けるのは？

ハイリスク		ローリスク
持ち家	住まい	賃貸住宅
残債が多い	住宅ローン	残債が少ない
少ない	貯蓄	多い
身を寄せる先がない	転居先	身を寄せる先がある

　地震の補償も重要です。地震が原因の損害は、火災保険では補償されません。地震保険は火災保険とセットにして契約します。火災保険金額の50％が契約上限になります。

　ローン残高が多額ならいうまでもなく、ほとんどの世帯に必須の補償。契約内容は保険証券を確認、もしくは代理店に尋ねましょう。

　一方、賃貸派の住宅は"借り物"。災害で住まいを失っても、自分で直す必要はありません。被災者生活再建支援金を受け取れ、住宅が滅失して退出することになれば敷金も全額戻ります。家財の火災保険・地震保険に適切に加入しておけば、賃貸派の対策は万全でしょう。

「持ち家率6割」これって高い？

日本の持ち家率は過去40年間にわたって、6割前後で推移しています。ただし、これは日本全体の平均ですから、地域差や世代差が大きいのが実情です。

最も持ち家率の高い秋田県は77.3％、次いで富山県の76.8％、山形県の74.9％と続きます。反対に、最も持ち家率が低いのは沖縄県で44.4％、次いで東京都45.0％で、この2都県は賃貸世帯が半数以上を占めています。

どこに住むかにより、住まい方のスタンダードは変わってきます。

持ち家率が高い／低い都道府県ランキング

単位：%

	74.0〜
	70.0〜73.9
	66.0〜69.9
	〜65.9

	順位	都道府県名	割合（%）
高い	1位	秋田県	77.3
	2位	富山県	76.8
	3位	山形県	74.9
		福井県	74.9
	5位	岐阜県	74.3

	順位	都道府県名	割合（%）
低い	1位	沖縄県	44.4
	2位	東京都	45.0
	3位	福岡県	52.8
	4位	大阪府	54.7
	5位	北海道	56.3

総務省「平成30年住宅・土地統計調査」

65歳以上の持ち家率は8割！

親から「家くらい買いなさい」と言われた、という話もよく耳にします。そう、親世代にとっては「住まいをもってこそ一人前」であり、「住まいは資産」だったんですね。

65歳以上の持ち家率はなんと約8割。30年前は誰もが家を買う時代でした。その背景にあったのは、賃金も土地も株式も、すべて右肩上がりの経済環境。借りすぎた住宅ローンは退職金で完済できたし、返せなくても住宅を売ればローンは清算できました。

それに、近年のような大規模災害は少なく、突然の感染症パンデミックで経済活動が停止するということも、いうまでもなくありませんでした。住宅という大きな買い物を多くの人ができたのは、社会や経済環境がある程度長期にわたり安定していたからこそ。背伸びをした住宅購入も、裏目に出にくい時代だったのです。

自然災害の死者・行方不明者数

1959年の伊勢湾台風の後、大災害が少なかったことや災害対策が進んだこともあり、1994年ごろまで甚大な被害は少なかった。そうした背景からこの期間は日本の経済も好調で、その時代の常識を引きずっている人も多い。

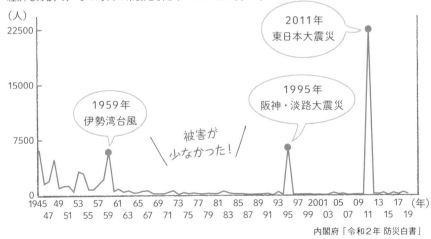

内閣府「令和2年 防災白書」

若い世代の持ち家率は下がっている

30代から50代の持ち家率は、この30年で減少を続けています。

30代の持ち家率は約35％*で、1988年の約47％から右肩下がり。単身者が増えていることも一因ですが、すでにかつての「持ち家主義」から解放された自由な考えをもつ人が増えてきているのかもしれません。

実際に、「家や土地を所有したいか」という調査では、「賃貸住宅で構わない」という人の割合が年々増えています。

住宅の所有に関する意識の変化

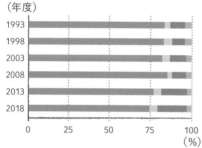

（年度）

● 土地・建物どちらも所有したい
● 建物を所有していれば、土地は借地でも構わない
● 賃貸住宅で構わない
● わからない

世代別の住宅所有に関する意識

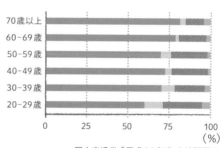

国土交通省「平成30年度 土地問題に関する国民の意識調査」

持ち家が"負動産"になることも

30年前は「家を売ればどうにかなる」という考えが一般的でしたが、今は住まいが資産になるかどうかは場所と物件によります。

親が残した実家の管理、税金や保険などのコスト負担で、実家が"負動産"となって頭を抱えている人も少なくありません。住宅の購入を検討している人は、自分が高齢者になったときに家をどうするかについても、考えることが必要になっているのではないでしょうか。

住まいのニーズは変化する

住まいへのニーズは、人生のなかで変化していくもの。最近の影響といえば、コロナ禍によって「リモートワーク」が定着しつつあることでしょう。

オンライン会議が日常になり、場所を選ばず仕事ができるようになれば、毎日のつらい電車通勤を回避でき、職場と家の距離にこだわらずに済みます。自宅に仕事部屋が必要になって、現在の住まいがニーズに合わなくなった人もいるかもしれませんね。

「自分らしい暮らし」の実現には、将来の環境の変化にも思いを致す必要がありそうです。

このような自分が意図していない環境の変化だけではなく、そもそも家族の構成や自分の年齢の変化とともに、住まいに対するニーズは変わっていくものです。

仕事を変えた、結婚した、子どもが増えた、親の介護が必要になった……。人生のなかで大きな変化があったとき、それは「住まい方」を考え直す機会なのかもしれません。

住まい方を考えるとき

30年後の「自分」を考える

　親世代の30年前と現在を比べてきましたが、みなさんが高齢者となる30年後にも、思いをはせてみましょう。

　現在、ひとり暮らしの高齢者638万世帯のうち、借家住まいをしている人は約3割。高齢者には持ち家世帯が多いですが、持ち家がありながら、**配偶者の死亡や生活の利便性を求めて賃貸住宅に住み替える人が少なくありません。**

　高齢者の持ち家が空き家になる原因は、住人の死亡35%に対し、住み替えは42%[*1]。持ち家に住んでいたとしても、賃貸住宅に引っ越したり、施設へ入居したりと、生涯持ち家で過ごすとは限らないんですね。

高齢者は家が借りにくい？

　家賃滞納や孤独死などの不安から、賃貸オーナーの約70%[*2]は高齢単身者の入居に拒否感をもっていて、入居制限が実際に行われる場合もあるといいます。なので現状では、高齢者が賃貸住宅を借りにくいのは確か。そう聞くと「老後のためには、やっぱり持ち家があると安心？」と考えるかもしれません。でも、今後増える高齢者の賃貸需要増は必至で、高齢者を除外したマーケットは成立しません。それに現在も、高齢者が入居できる賃貸物件や制度はあります。

❶ 年齢の制限がない「UR賃貸住宅」

　独立行政法人都市再生機構（UR都市機構）が管理するUR賃貸住宅は、所得基準（一定額以上の必要がある）を満たせば、礼金・仲介手数料・更新料・保証人なしで入居できます。所得基準を満たせなくても、貯蓄基準（家賃の100倍など）を満たせば入居できます。高齢者でも拒否されません。

＊1　総務省統計局「平成30年住宅・土地統計調査」／国土交通省「平成26年空家実態調査」
＊2　日本賃貸住宅管理協会「家賃債務保証会社の実態調査報告書（平成26年度）」

❷ 空き家を利用「新たな住宅セーフティネット法」

高齢者も含めた「住宅確保要配慮者*3」に、低家賃で安心して暮らせる住宅を提供する制度です。住宅は空き家を利用。入居者への家賃補助、家賃保証料の補助があり、家主への住宅改修支援や、入居者の見守りサービス等が同時に行われます。

空き家は全国で問題になっています。実家などを相続で引き継いだけれど、住む予定もなく、売却や賃貸もしていない、という空き家は多数。放置された空き家は、時間の経過とともに防災上、防犯上の危険が増します。地域の魅力が低下するなど、自治体にとっても頭の痛い問題に。この"負の遺産"にもなりかねない空き家ストックを生かす制度が、「新たな住宅セーフティネット法」です。

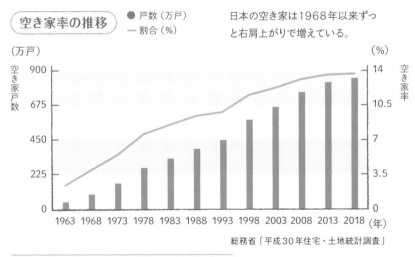

空き家率の推移

● 戸数（万戸）
— 割合（％）

日本の空き家は1968年以来ずっと右肩上がりで増えている。

総務省「平成30年住宅・土地統計調査」

❸ 賃貸オーナーの負担を減らす保険

入居者の孤独死に伴い発生する原状回復費用に備え、賃貸オーナーが加入できる保険なども取り扱われ始めています。こうした保険の普及は、オーナーの高齢入居者への拒否感を払拭し、安心して入居を受け入れる材料のひとつになります。

*3　低額所得者（月収15万8000円以下）、被災者、高齢者、障害者、子育て世帯（18歳未満の子どもがいる世帯）、外国人など。

Q1 相続する可能性がある家（実家など）は？

家の場所

現在の所有者

相続後の居住者

Q2 住宅ローン完済までの計画は？

残りの返済期間　　　　　　　　　年　　　　　　　　　か月

ローン残高　　　　　　　　　　　　　　　　　　　　円

完済時の年齢　　　　　　　　　　　　　　　　　　　歳

ローン返済の不安

Q3 火災保険、地震保険の補償内容は？

加入先　（保険会社）

....

（商品名）

....

保険期間　　　年　　月　　日〜　　　年　　月　　日

....

保険料　　　　　　　　　　　　　　　　　　　　円

....

災害	種類	補償対象	補償額	
火災	火災 落雷 破裂、爆発	建物		万円
		家財		万円
水災	洪水 高潮 土砂崩れ	建物		万円
		家財		万円
風災	台風、暴風 ひょう 雪	建物		万円
		家財		万円
地震	地震、津波 液状化 噴火	建物		万円
		家財		万円

Memo

子育てのお金、どのくらいかかる？

子どもが成人するまでの20年は長い時間です。人生の多くを占め、自分の時間、体力など、もてる資源の多くを費やすことになる、子育てという壮大なプロジェクト。踏み込むときに考えておかないといけないのが、やはり「お金」です。

学習費はいくら？

子どもを育てるには、どのくらいのお金がかかるのでしょうか？負担が大きいのは学習費ですよね。文部科学省の調査によれば、幼稚園から高校卒業までにかかる15年間の学習費は、オール公立で541万円、オール私立で1829万円となっています。

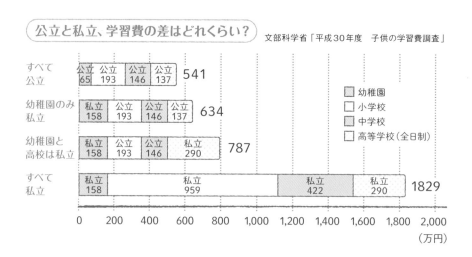

公立と私立、学習費の差はどれくらい？　文部科学省「平成30年度　子供の学習費調査」

	幼稚園	小学校	中学校	高等学校（全日制）	
すべて公立	公立 65	公立 193	公立 146	公立 137	541
幼稚園のみ私立	私立 158	公立 193	公立 146	公立 137	634
幼稚園と高校は私立	私立 158	公立 193	公立 146	私立 290	787
すべて私立	私立 158	私立 959	私立 422	私立 290	1829

0　200　400　600　800　1,000　1,200　1,400　1,600　1,800　2,000 （万円）

自宅外通学なら大学1年目は300万円以上も！

　さらに、大学に進学をする場合、まず受験費用がかかります。どの大学のどの学部に進むのか、自宅から通学をするか、自宅外通学（一人暮らしなど）をするかでも費用は変わってきます。文部科学省によれば、2018年度の大学の初年度納入金（入学金＋授業料＋α）は、国立大学で約82万円、私立大学で約134万円。自宅外通学の場合は家賃などの生活費もかかり、さらに大きな負担になります。

大学受験から入学までの費用 （私立、文系の場合）

費用の内訳	自宅外通学	自宅通学
受験費用	26万8800円	24万7100円
初年度納入金	133万6033円	133万6033円
家賃	6万3400円	0円
敷金・礼金	20万9800円	0円
生活用品費	32万2600円	0円
合計	220万633円	158万3133円

東京私大教連「私立大学新入生の家計負担調査　2019年度」より筆者作成

> 4〜12月の仕送り額平均79万円を入れると約300万円に！

　私の息子は、私立大学の文系に在学し、自宅から通学をしています。大学受験から入学までの費用の合計はおおむね150万円ほどでした。私立大学の理系だと、もう少し高くなりそうです。

　そして、授業料や教科書代、定期代などその他費用は、2年生になってからも続きます。そのうえ、成人式、就活……とイレギュラーな支出がピークに。子どもが複数いれば、支出は2倍、3倍になります。すべてを親が負担しないにしても、ある程度の準備が必要ですね。

「生まれたらすぐ」積み立てれば、200万円！

　大学進学に備えた教育資金の準備方法は、「ひたすら積み立てる」です。そして、できるだけ負担を軽くするには、「生まれたらすぐ」始めるのがベスト。生まれてすぐから、毎月1万円ずつ積み立てれば、大学受験を控えた17歳のときには200万円以上になります。大学進学費用をコツコツ積み立てつつ、高校卒業までの教育支出は家計のなかでやりくりするのが基本です。

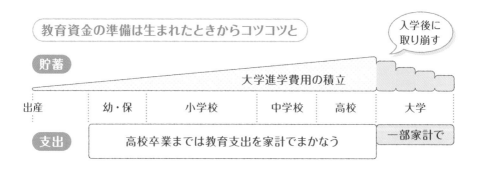

教育資金の準備は生まれたときからコツコツと

入学後に取り崩す

貯蓄

大学進学費用の積立

出産　幼・保　小学校　中学校　高校　大学

支出

高校卒業までは教育支出を家計でまかなう

一部家計で

児童手当を活用すれば、300万円！

「児童手当」は、0歳から中学校卒業までの子どもがいる世帯が受け取れる、国からの手当です。子どもの年齢と人数、親の所得（生計中心者＝父・母どちらか高いほうの年収）で手当金が異なります。

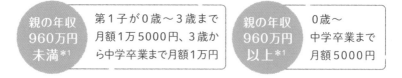

親の年収960万円未満*1　第1子が0歳〜3歳まで月額1万5000円、3歳から中学卒業まで月額1万円

親の年収960万円以上*1　0歳〜中学卒業まで月額5000円

　年収が960万円未満の世帯では、手当金に毎月5000円をプラスして18歳まで積み立てれば、約300万円に。年収960万円以上の世帯も手当金5000円に1万円をプラスすれば、同じく約300万円貯められます。ただし児童手当を受け取るには申請が必要です。

　*1　夫片働き、専業主婦と子ども2人の世帯の場合

日本の公的な教育費負担は少なすぎる!?

　学費の話題になると、「奨学金ぐらい、ふつうは簡単に返せるだろう」などとお説教をする年配の方もいますよね。昔は学費が安かったので、奨学金をたくさん借りる必要がなかったのです。ですが、この40年で、大学の学費は公務員給与をはるかに超える伸び率で高騰し続けています。

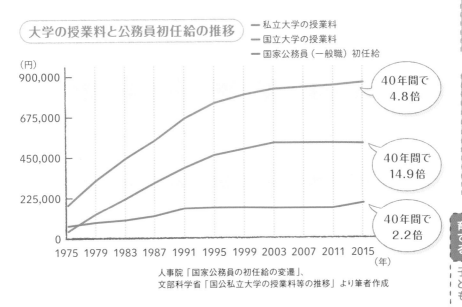

大学の授業料と公務員初任給の推移

- 私立大学の授業料
- 国立大学の授業料
- 国家公務員（一般職）初任給

40年間で4.8倍

40年間で14.9倍

40年間で2.2倍

人事院「国家公務員の初任給の変遷」、
文部科学省「国公私立大学の授業料等の推移」より筆者作成

　日本では半分以上の子どもが大学に進学します。先進国のなかでも高等教育が進んでいる国ですが、国や地方公共団体の教育費の負担割合はわずか31％と最低水準です。ほかは、53％が家計による負担、17％が奨学金や寄付金などのその他と、個人の負担がとても重くなっています。[2]

　コロナ禍によって、約2割の学生が経済的な事情により退学を検討しているというショッキングな調査結果が公表されました。多くの学生が学費負担に悩まず学べるしくみを整える必要があります。

学資保険は元本割れのリスク大！

先日、子どもが生まれた30代の知人が、「学資保険に入らないと」と言っていました。学資保険とは、子どもの進学時期にあわせて満期保険金等を受け取れる、貯蓄型保険。もしも親が死亡したときには、保険料の支払いが免除されます。

その昔、学資保険は教育資金準備の王道で、もしものときの保障を得ながら、効率よくお金を増やすことができました。ですが、今は満期がきても元本割れ。どんなに条件がいいものでも、ギリギリ元本割れしないレベルにまで学資保険の貯蓄性は低下しています。

(学資保険のいま・むかし) 契約者35歳男性、被保険者0歳男児の場合。

契約時期 商品名	1990年 簡易保険「学資保険」	2020年 かんぽ生命「はじめのかんぽ」
保険料（月払）	6960円	9800円
払込保険料総額	約150万円	約212万円
受け取り総額	200万円 （15歳時　20万円 18歳時　180万円）	200万円 （18歳時　200万円）
返戻率	約133％	約94％

╱元本割れ！╲

子どもが生まれた夫婦に、祖父母になった親が「学資保険に入ったら？」と言ってくるのは、かつては「入れば増える」時代だったから。ですが、教育資金を積み立てることが目的なら、今は保険にこだわることはありません。財形貯蓄や積立預金でいいのです。

それでも学資保険を検討するなら、まずは受け取れる満期保険金と保険料支払総額（月額保険料×12か月×保険料支払期間）を比較して、元本割れしてしまわないか確認しておきましょう。

中学3年生は教育支出の「プチ・ピーク」！

　学資保険をすすめにくい理由は、教育支出のピークとなる大学入学の前に、プチ・ピークが訪れるからでもあります。その時期とは、高校受験を控える中学3年生。公立の学校に通う子どもにかかる塾や家庭教師の費用は、中学3年生がずば抜けて高くなっています。

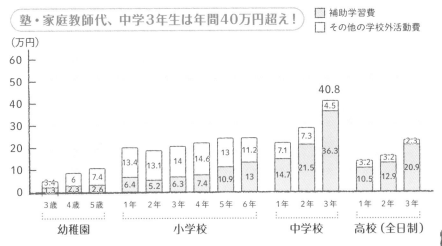

塾・家庭教師代、中学3年生は年間40万円超え！

□ 補助学習費
□ その他の学校外活動費

文部科学省「平成30年度子どもの学習費調査
学年別に見た補助学習費とその他の学校活動費」

　塾代は最低でも月2〜3万円、特別講習を受ければさらに増えます。そのうえ、受験費用もかさみます。この時点で支出が予測を超えてしまったり、予定外の私立高校への進学で、資金計画通りにいかなくなることも。そんなとき、ただでさえ元本割れの学資保険を満期前に泣く泣く解約することは避けたいですよね。

　子どもの成長とともに、増え続ける教育支出。元本割れのリスクがある学資保険や、必要額の確保が保証されない投資信託での準備は一部にとどめて。預金など、動かしやすく安全性の高い貯蓄方法で、予定外の事態にも対応できるようにしておくと安心です。

Q 教育費はいくらかかる？

記入例

年齢	0歳	1歳	2歳	3歳	4歳	5歳	6歳	7歳	8歳	9歳
進学コース	← 認可保育園（3歳以降は無償化、利用料以外の費用） →							公立小学校		
年間でかかるお金（交通費やランチ代等含む）	0	50	50	20	20	20	20	10	10	10
学校外活動等	← スイミング									
年間でかかるお金	0	0	0	0	8	8	8	8	8	8
年集計	0	50	50	20	28	28	28	18	18	18

年齢	0歳	1歳	2歳	3歳	4歳	5歳	6歳	7歳	8歳	9歳
進学コース										
年間でかかるお金（交通費やランチ代等含む）										
学校外活動等										
年間でかかるお金										
年集計										

単位：万円

10歳	11歳	12歳	13歳	14歳	15歳	16歳	17歳	18歳	19歳	20歳	21歳	22歳

公立中学校　公立高校（無償化で授業料以外の出費）　私立大学文系（自宅通学）

10	10	10	20	20	20	30	25	25	200	150	150	150

進学塾　進学塾

8	8	8	0	30	40	0	0	30	0	0	0	0
18	18	18	20	50	60	30	25	55	200	150	150	150

総計　**1202万円**

単位：万円

10歳	11歳	12歳	13歳	14歳	15歳	16歳	17歳	18歳	19歳	20歳	21歳	22歳

総計　**万円**

今から貯蓄を増やすには？

少し前に「老後2000万円問題」が話題になりましたよね。でもわが家の貯蓄はほぼゼロ……。今から2000万円も貯められるか不安でしかたありません……。

30代・夫婦

「老後2000万円問題」が話題になったきっかけは、金融庁が公表した「高齢社会における資産形成・管理」についての検討会の報告書でした。政府が「貯蓄から投資へ」を推奨するなか、人生100年時代の長寿社会に備えて、若いうちから資産形成や管理を行うことを促しています。同時に、金融業界はどのようなサービスを提供すべきかを提言したものです。

不足額はライフスタイルで大きく異なる！

　注目されたのは、「夫65歳以上、妻60歳以上の夫婦のみの無職の世帯では毎月の不足額の平均は約5万円であり、まだ20〜30年の人生があるとすれば、不足額の総額は単純計算で1300万円から2000万円になる」という部分。いうまでもなく、暮らし方は人それぞれなので、誰もがかならず2000万円不足するというわけではありません。ですが、「不足額2000万円」という金額だけがひとり歩きし、老後の年金不安に焦点が当てられてしまったのです。

５割以上が公的年金のみで生活している！

「2000万円」という数字の出どころは、総務省が公表している「家計調査」の2017年分の家計収支データです。これは平均から計算された額で、誰かの実態ではありません。

　そもそも、高齢者世帯がすべて貯蓄を取り崩して生活しているわけではなく、５割以上の高齢者世帯が公的年金だけで暮らしています。家計は世帯で大きく異なるので、平均はあくまで参考値です。

公的年金だけで暮らす高齢者世帯も

「長寿化が進むなか、それでも自分らしく暮らしていくために、自分に合ったなんらかの取り組みを」というのが報告書の提言の主旨でした。だからこそ、「自分の場合はどうなのか」と考えることが大切です。切り取られた「不足額2000万円」というネガティブなメッセージだけを受け取ることはないのです。老後も「自分らしい暮らし」を維持するためにはどのくらいのお金が必要なのかをしっかりと把握し、備えておきましょう。

年金はもらえなくなる？

　では、30代が高齢者になる30年後には、公的年金制度はどうなっているのでしょうか？

　まず、公的年金制度は法的な裏づけもある「国との約束」なので、要件を満たす限り年金がもらえないということはありません。ただ、日本の長寿化と少子高齢化は世界に類のないスピードで進行しています。社会保障制度の支え手である現役世代が減少し、支えられる側の高齢者が増えれば、収支のバランスは崩れてしまいます。

　そこで、現役世代の負担が重くなりすぎないよう、年金の給付水準を調整する「マクロ経済スライド」という制度が2004年に導入されました。年金給付額の上昇率を、物価や賃金の上昇率以下に抑えることで、実質的な給付額を減らすしくみです。

　これで現在の高齢者を支える現役世代の負担は抑えられるものの、現役世代が老後を迎えた時の受給額も減ることになり、今の高齢者世帯ほどはもらえなくなりそうです。

公的年金は高齢者のためだけじゃない！

　それでも、公的年金制度が不要とか、役に立たないということにはなりません。公的年金制度とは、私たちが収入を得にくくなったときの、国による「保険」です。高齢で働けなくなったとき、そして、遺族、障害者になったとき、新たな収入のベースになるものです。

　国民が安心して暮らせる環境を整備するのは、政府の仕事です。年金をはじめとした社会保障制度がしっかりと維持され、私たちを支える生活資源であり続けられるようにしなければいけません。

私たちひとりひとりがこの問題に
関心を持ち、動向をしっかり
監視していくことが大切です。

「老後」が延びると「余生」はなくなる!?

1970年の平均寿命は、男性69歳、女性74歳でした。男性の場合、定年退職から10年を待たずに寿命を迎えるとなれば、老後とはまさに「余生」。ですがその後、平均寿命は延び続け、2019年の平均寿命は、男性81歳、女性87歳[1]になりました。

これからも日本人の寿命は延び続けると予測されています。カリフォルニア大学によれば、2007年生まれの日本人の子どもの50%が、107歳まで生きるという研究結果[2]も!

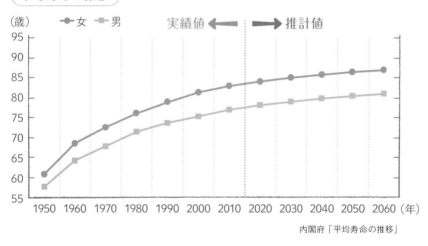

平均寿命の推移

内閣府「平均寿命の推移」

仮に平均寿命が100歳になると、65歳からの「老後」は35年！1970年時点と比べれば4倍ほども延びる予測です。もはや余生ではありません。「勤労→リタイア→老後」というこれまでのセカンドライフのスタイルは、多くの人にとって見直すべき時代になっているのでしょう。

年を重ねても今と変わらないスタイルで働き続けられるとは限りませんし、長生きする分お金がかかることも確かです。

＊1　厚生労働省「令和元年簡易生命表」
＊2　リンダグラットン著『ライフ・シフト』

スピードアップしてお金を増やしたいなら

貯蓄を増やすためには、「稼ぐ」「支出を減らす」と、「増やす」、つまり「投資」もあります。ある程度の長い期間を見込めるなら、株式や投資信託など高いリターンが期待できる金融商品への投資もひとつの選択肢です。

初めての投資、オススメは？

高いリターンが期待できる金融商品には、株式や債券、投資信託などがあります。初めて投資をする場合には、投資信託（ファンド）がオススメです。投資信託とは、投資家から集めたお金を、運用のプロ（ファンドマネージャー）が株式や債券など複数の対象に投資、運用する商品。得られた収益は投資家に分配されます。

投資のリスクを抑えるには、集中投資は避け、値動きの異なる対象への分散投資が重要ですが、個人資金には限界があります。投資家のお金を集めて運用する投資信託は、資金の少ない投資家でも国内外の様々な対象に分散投資できます。ただし、預金と異なり値動きをするので、収益を得られる場合もあれば、元本割れとなる場合もあり、将来の受け取り額は約束されていません。

分散投資とは？

投資信託のしくみ

投資信託は証券会社や銀行などの販売窓口で購入できますが、運用を担当するのは専門の運用会社です。また、投資家の資産は信託銀行で管理されるしくみになっています。このように様々な機関がかかわっている商品で、資産運用や管理をお任せすることもあり、預金にはないコストもかかります。販売手数料（販売窓口が受け取る手数料）、信託報酬（運用を任せる費用）などのコストは運用収益に大きな影響を与えるため、商品選びの際は要チェックです。

なお、投資のリスクとは、価格が大きく動く「ブレ」のこと。上ブレすれば収益を得られます。ただし、「ハイリスク・ハイリターンの法則」というように、安全性は同時に得られません。近いうちに使う予定のあるお金や、少なくとも半年分の生活費は、元本を割り込む可能性がある投資に回すのは避けるべき。一方、預貯金は元本と利息が保証され、安全性の高い商品ですが、高い収益は得られないのです。

どんなお金が投資に向いてる？

安全性（将来使う予定のお金）	収益性（当面使わないお金）	流動性（すぐ使うお金）
子どもの教育資金、住宅リフォーム費用、車や家電製品の買い替え、旅行資金など	10年以上先の老後資金、相続などで渡すお金	生活費や医療費、冠婚葬祭など、いざというときにすぐ使うお金
ローリスク・ローリターン（預貯金・国債など）	ハイリスク・ハイリターン（株式・投資信託など）	ローリスク・ローリターン（預貯金・国債・MMFなど）

どれを買えばいいの？

日本で売られている投資信託は、約6000本。運用方法に着目すると、日経平均株価やTOPIX等の市場の動向を示す指数に連動して値が動く「インデックスファンド」と、指数を上回る運用収益を目指す「アクティブファンド」に分けることができます。

初めて投資するなら、より信託報酬の低いインデックスファンドを探し、選んでみるといいかもしれません。たとえば、日経平均株価やTOPIXの動向は、自ら値動きをチェックしなくても、ニュースを見ればファンドの動向がわかります。なぜ値が下がったのか、どんなことが影響しているのかを考えたり、見通しを検討することで、投資に少しずつ慣れていけるでしょう。

インデックスファンド

225社の平均株価（日経平均株価）に連動していて、幅広く分散投資ができます。指数と連動するプログラムによって運用されるため、ファンドマネージャーの手間もなく、投資対象が同じほかのインデックスファンドを選んでも運用収益にさほど違いは生じません。信託報酬なども低めです。

アクティブファンド

より高いパフォーマンスを上げるためにと、ファンドマネージャーが手間暇をかけて運用します。コストは高め。どのファンドを選ぶかで運用収益は大きく変わるため、投資家自身が比較検討して選ぶ必要があります。

運用は気持ちのゆとりが大事！

　下のグラフを見ると、バブル崩壊以降の30年ほど、株価はずっと上がったり下がったりしていますが、かなり値下がりしても、その後もち直す時期がきていました。価格のブレは、ある程度の時間があれば吸収することも可能といえます。だからこそ、事態を静観できる気持ちのゆとりも投資には必要です。

　ただし、いくら長く運用しても、買ったときより価格が値下がりしていれば損失は避けられません。買ったときより高く売れることで利益を得られるのが投資。短期的な値動きに一喜一憂する必要はありませんが、自分なりに「この水準になったら売ってみよう」という基準をもつことも、投資には大事なことです。

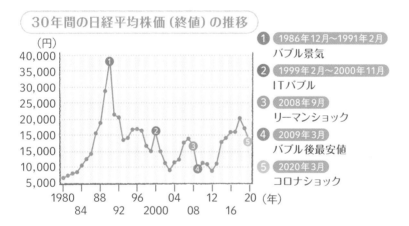

30年間の日経平均株価（終値）の推移

① 1986年12月〜1991年2月　バブル景気
② 1999年2月〜2000年11月　ITバブル
③ 2008年9月　リーマンショック
④ 2009年3月　バブル後最安値
⑤ 2020年3月　コロナショック

「お金を育てる」スタンスで、じっくりと

　投資信託をすすめられるまま買うのはNG。説明を受けても理解できないものは選択肢から外して。ネット証券で複数の商品をじっくり比較検討するのもいいですね。金融商品を使いこなすには、長い時間をかけて、知識と実践を積み重ねていくことが必要です。

運用収益の20％は税金で引かれる！

　投資でもうひとつ注意したいのが、税金です。得られた運用収益には、約20％の税金がかかります。課税されれば、儲けは8割弱まで減るのです。

　ですが、「つみたてＮＩＳＡ」と「ｉＤｅＣｏ(個人型確定拠出年金)」というしくみを使って投資信託などを購入すると、税制面で優遇が受けられます。

詳しくは各サイトへ

金融庁
「つみたてNISAの
概要」

厚生労働省
「ｉＤｅＣｏの概要」

つみたてNISA

　最低100円からと少額の資金で始められる、長期、積立、分散投資を支援する制度です。一定要件を満たした投資信託を積み立てると、最長20年間、投資から得られる運用収益が非課税になります。

　どの金融機関で口座を開設しても、販売手数料や口座管理手数料はかかりません。自動積立で買い付けていくのでタイミングを計る必要がなく、運用の手間もさほどかかりません。

メリット **1**
対象となる投資信託は、長期の積立、分散投資に適するとして法令上の条件を満たしたもののみ。

メリット **2**
販売手数料がかからず、信託報酬も一定水準以下のものに限定されている。

メリット **3**
お金をいつでも引き出せるので、自由度が高い。

iDeCo

老後の年金を貯めるための制度で、20歳から60歳未満の人が利用できます。月5000円から投資でき、自分で金融商品を選んで運用します。投資信託のほか、値動きのない定期預金や保険などを運用商品として選ぶこともできます。

選べる金融商品やサービス、手数料は金融機関によって異なりますが、選べるのは1社のみ。また、老後資金を貯めることが目的なので、お金は原則60歳になるまで引き出せません。

メリット 1	メリット 2	メリット 3
掛金が全額所得控除となるため、所得税・住民税が安くなる。	運用収益は非課税で再投資に回るので、利息が利息を生む複利効果を期待できる。	年金を受け取るときにも、税制上の優遇措置が受けられる。

iDeCoの掛金上限 勤務先によって掛金上限額が変わる

		掛金上限
自営業者・フリーランス （第1号被保険者）		月額6万8000円 （年額81万6000円）
会社員 （第2号被保険者）	勤務先に企業年金なし	月額2万3000円 （年額27万6000円）
	企業型確定拠出年金に加入	月額2万円（年額24万円）
	企業型確定拠出年金と 確定給付企業年金に加入	月額1万2000円 （年額14万4000円）
	確定給付企業年金に加入	
公務員 （第2号被保険者）		
専業主婦・主夫 （第3号被保険者）		月額2万3000円 （年額27万6000円）

「つみたてNISA」と「iDeCo」、選ぶなら？

下の表を参考に、それぞれを比較してみてください。

いずれも、コツコツと時間をかけて行う資金づくりに向くしくみですが、自由度ではつみたてNISA、節税効果ではiDeCoに軍配。この先の長い時間のなかで教育支出負担や住宅ローン負担などが圧し掛かる時期がくることも考慮して、ムリなく続けられるスタイルを見つけましょう。

利用するにはまず、金融機関をひとつ決めて、つみたてNISA口座、またはiDeCo口座を開設することが必要です。

「つみたてNISA」と「iDeCo」の違い

	つみたてNISA	iDeCo
積み立てられる人	20歳以上	20歳以上60歳未満
積み立てられる期間	最長20年	60歳まで
最低積み立て金額	100円	5000円
積み立て方	1か月に1回など定期的に一定額 預け替え＊不可	毎月、あるいは年1回以上 預け替え可
年間掛金上限額	40万円	14.4万〜81.6万円（勤務先による）
投資できる商品	一定条件を満たした投資信託など	投資信託・定期預金・保険
途中で引き出し	いつでも可(制限なし)	60歳まで原則不可
税制優遇	運用で得た利益が非課税になる	・支払う掛金は所得控除の対象 ・運用中の利益は非課税 ・年金受け取り時にも優遇あり

　　＊　積み立てた商品を一度売り、別の商品に買い替えること。

Q1 投資をするなら？

投資に回せるお金は？

毎月 ｜　　　　　　　　　　　｜ 円

年間 ｜　　　　　　　　　　　｜ 円

投資の目的は？

のため

のため

のため

目標はいつまでにいくら？

までに ｜　　　　　　　　　　　｜ 円

までに ｜　　　　　　　　　　　｜ 円

までに ｜　　　　　　　　　　　｜ 円

Q2 気になるファンドをピックアップしよう！

投資対象	インデックス or アクティブ	投信名	信託期間	販売手数料	信託報酬	その他手数料	取扱証券会社
（例）国内株式	インデックス	たわらノーロード日経225	無期限	なし	0.187%	なし	楽天証券

お金で支援、どんな方法がある？

災害で被害が出た故郷に、なにか支援をしたいです！　どうすればいいですか？

30代・女性・ひとり暮らし

お金は、「自分らしい暮らし」を支えるだけでなく、「人の暮らし」を支えたり、応援の気持ちを表現できるツールです。社会のつながりのなかで支え、支えられて生きているからこそ、よりよい社会になるための使い方を考えたいですね。

「義援金」と「支援金」はどう違う？

　突然たくさんのものが失われる災害の後、個人や地域が立ち上がるには、莫大な労力とお金が必要になります。だからこそ、被災地やそこに住む人たちへの寄付は、とても役立つお金となります。その寄付には、「義援金」と「支援金」という2つの方法があります。

　義援金とは、市民が被災地に送る寄付のうち、被災者に直接届けられるお金です。届くまで時間がかかることもありますが、善意が被災者の大きな助けになります。

　一方、自治体や支援団体などに、被災地への支援活動に役立ててもらうために送るお金が支援金です。活動を応援したい団体に速やかに支援金が届けば、活動資金としてすぐに役立ち、被災地の復興のスピードもアップするはずです。

特定の団体への寄付は節税になる！

　社会的課題に取り組む団体への寄付をより推進するしくみが、税金の控除です。特定の団体への寄付、「特定寄付金」を贈ると、所得税、場合によっては住民税が安くなります。寄付金の負担の一部を国が肩代わりしてくれるのです。

　個人が特定寄付金を贈った場合、「寄付金控除」を受けられます。また、政党や政治団体、認定ＮＰＯ法人や公益社団法人等に関する寄付金は「寄付金特別控除」の対象にもなります。いずれか有利な方を選べますが、たいていは寄付金特別控除を利用するほうが税金は安くなります。

寄付金控除・寄付金特別控除を受けられる団体

受けられる	政党・政治資金団体など、公益社団・財団法人 認定・特例認定ＮＰＯ法人
受けられない	一般社団・財団法人 ＮＰＯ法人

控除額の計算方法

寄付金控除額 （所得控除額）	特定寄付金の1年間の合計額−2000円 （この金額が課税所得から差し引かれる）
寄付金特別控除 （税額控除額）	（特定寄付金の1年間の合計額−2000円）×30〜40％* （この金額が税額から差し引かれる）

　最近よく目にするのはクラウドファンディングですが、控除を受けられるのは、寄付型クラウドファンディングの一部に限られます。

　控除を受けるには、寄付した翌年に確定申告も必要です。会社員でも年末調整では手続きできません。寄付した団体から発行された領収書は、保管しておきましょう。

＊　政党等への寄付の場合は30％、認定ＮＰＯ法人や公益社団法人の場合は40％

「ふるさと納税制度」のしくみ

　応援したい自治体に寄付をすると、寄付金額から2000円を引いた金額が所得税や住民税から控除される「ふるさと納税」。実質2000円の負担で、特定の自治体を応援できるしくみです。

　寄付は自治体のホームページやポータルサイトからでき、確定申告をしなくても、「ふるさと納税ワンストップ特例制度」を使えば寄付金控除が受けられます。給与所得者で、寄付する自治体数が5団体以内が対象です。その際、自治体へ特例申請書の提出を忘れずに。

ふるさと納税の上限額

総務省「ふるさと納税ポータルサイト」

本人の年収	独身または共働き	夫婦（片働き）、または共働き+高校生の子1人	夫婦（片働き）+高校生の子1人
300万円	2万8000円	1万9000円	1万1000円
400万円	4万2000円	3万3000円	2万5000円
500万円	6万1000円	4万9000円	4万円
600万円	7万7000円	6万9000円	6万円
700万円	10万8000円	8万6000円	7万8000円
800万円	12万9000円	12万円	11万円

ふるさと納税で被災地支援も

　ふるさと納税といえば、寄付をした自治体からの豪華な返礼品に注目が集まりがちですが、災害支援や地域支援が手軽にできるツールでもあります。ふるさと納税のポータルサイト「さとふる」や「ふるさとチョイス」などに、災害ごとに被災自治体の寄付の受付窓口が設けられています。その窓口を通して自治体に寄付をすると、寄付した全額が自治体に届けられ、復旧・復興のために使われます。

住んでいる町の地域プロジェクトを応援！

　都市部の自治体でも、地域課題へのプロジェクトにふるさと納税を活用しているところもあります。返礼品は受け取れないものの、納付するはずだった住民税の一部を、住んでいる町の自治体に寄付して特定の地域プロジェクトを応援するという方法です。つまり、税金の使い道を、自分で選ぶことができるのです。

コラム

「おトク追求」で行政サービスがなくなる！？

　以前、返礼品による寄付獲得競争が過熱しすぎて、大きな問題になりました。そのため今では、返礼品は寄付額の3割以下の地場産品に限定されています。地場産品の需要によって、地域の経済活性化や産業振興につながる効果が期待できる面はありますが、2019年度の返礼品の調達や送付にかかる金額は寄付額の35％にも。本来、地域支援に役立てるはずのお金が、かなりの割合で返礼品関連に使われているのも実情です。

　また、ふるさと納税をすると、居住地に納められるはずの住民税が寄付先の自治体に移ります。税収が減った自治体は、減収額の75％が地方交付税で補填されますが、これは税金です。返礼品目当てのおトク追求で生じた自治体の損失が、税金で補填されている現実もあるのです。

　さらに、東京23区などの地方交付税が交付されず補填を受けられない自治体は、大幅な税収減に。教育や福祉、消防、救急、ごみ処理などの生活に係る行政サービスは住民税で実現されていますが、大幅な税収減となれば、サービスの提供が難しくなる可能性も。将来も安心できる社会づくりのために、自分が納得できるお金の使い方を考えていきたいですね！

3章

暮らしに困ったら…

制度や支援が助けになる！

ここまで「自分らしい暮らし」を実現するための、様々なアプローチを確認してきました。そしてもうひとつ、押さえておきたい大事なことがあります。それは、私たちが困った事態に陥ったとき、支えとなる制度や支援策を知っておくことです！

どうしようもない事態はある……

私たちの未来は不確定です。

想定外の出来事で人生の舵（かじ）を切ることになり、理想の暮らしにグッと近づくこともあれば、一生懸命努力したのに、「自分らしい暮らし」が危機に陥ることもあるでしょう。

まさに2020年からのコロナ禍、そして災害のように、自分の力ではコントロールが難しい事態も起こり得ることを実感しているのではないでしょうか？

そんなときは、暮らしを支える社会保障や社会福祉などの公的資源、民間による支援をうまく活用しながら、「自分らしい暮らし」を少しずつ取り戻していきましょう。

私たちは税金や社会保険料を払っています。そのお金が、暮らしのピンチを助けてくれる支援へとつながっていることを知っていますか？　給与明細を見て「ずいぶん引かれているな……」と思うだけではなく、それがどのような使われ方をしているか、そして私たちのどのような助けになるのか、意識することが大切です。

申請しないと始まらない！

　困りごとに応じて制度や支援策は様々存在するものの、日本には「申請主義」というハードルが存在します。つまり、自分から申し出て手続きをしないと、そのメリットを受けることができません。

　残念ながら、制度自体を知らない人は多いようです。しかし、知らなければ手続きにたどり着くことは、そもそもできません。

　そこでこの章では、困りごとに応じて受けられる、おもな制度や支援を「お助けカード」としてピックアップしています。まずは、制度内容と窓口をざっと頭に入れておくことが大切。そうすれば、この先困った事態に陥ったときに、支えてくれる制度にたどり着ける可能性が高まります！

制度を「知る」ことから

　コロナ禍で暮らしや仕事に困ったときにも、従来からあった制度や支援を利用することが可能でした。さらに今回は、多くの制度で利用要件や対象が緩和され、徐々に利用しやすいものに変わったものもあります。

　当初は要件が合わず利用できなかった制度が、その後利用できるようになったケースも見られたので、制度に関するニュースにもアンテナを立てておきたいですね。

> 不測の事態が誰にでも起こり得る時代。
> 困ったときに支えとなる制度を知ることは、
> もはや私たちが生きるうえで欠かせない
> リテラシーになったといえるでしょう。

困ったときの「お助けカード」

困りごとを4つのジャンルに分けました。「お助けカード」には、困りごとに対する制度や支援内容、窓口が書いてあります。

お助けカードの見方

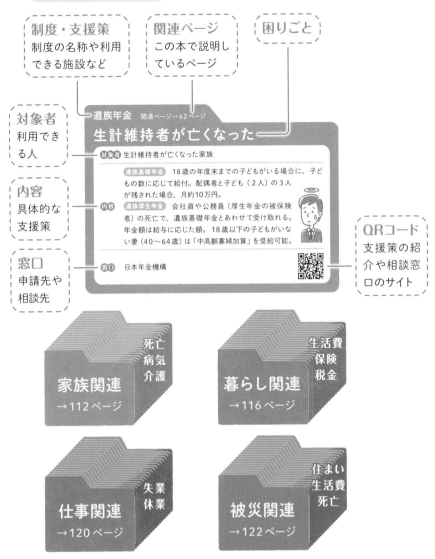

制度・支援策
制度の名称や利用できる施設など

関連ページ
この本で説明しているページ

困りごと

対象者
利用できる人

内容
具体的な支援策

窓口
申請先や相談先

QRコード
支援策の紹介や相談窓口のサイト

遺族年金　関連ページ→62ページ

生計維持者が亡くなった

対象者 生計維持者が亡くなった家族

内容
遺族基礎年金 18歳の年度末までの子どもがいる場合に、子どもの数に応じて給付。配偶者と子ども（2人）の3人が残された場合、月約10万円。
遺族厚生年金 会社員や公務員（厚生年金の被保険者）の死亡で、遺族基礎年金とあわせて受け取れる。年金額は給与に応じた額。18歳以下の子どもがいない妻（40〜64歳）は「中高齢寡婦加算」を受給可能。

窓口 日本年金機構

家族関連
→112ページ

死亡
病気
介護

暮らし関連
→116ページ

生活費
保険
税金

仕事関連
→120ページ

失業
休業

被災関連
→122ページ

住まい
生活費
死亡

遺族年金　関連ページ→62ページ

生計維持者が亡くなった

対象者 生計維持者が亡くなった家族

内容
遺族基礎年金 18歳の年度末までの子どもがいる場合に、子どもの数に応じて給付。配偶者と子ども（2人）の3人が残された場合、月約10万円。

遺族厚生年金 会社員や公務員（厚生年金の被保険者）の死亡で、遺族基礎年金とあわせて受け取れる。年金額は給与に応じた額。18歳以下の子どもがいない妻（40〜64歳）は「中高齢寡婦加算」を受給可能。

窓口 日本年金機構

児童扶養手当

ひとり親になった

対象者 18歳の年度末までの子どもがいる、ひとり親世帯など

内容
子ども1人の場合、前年所得に応じ4万3160円〜1万180円支給。ただし、所得が230万円を超えると支給停止。子どもの人数に応じて加算される。

自治体の独自給付 東京都の場合、子ども1人当たり1万3500円の児童育成手当がある。所得基準を満たせば、児童扶養手当、児童育成手当、児童手当も受け取れる。

窓口 市区町村の
子ども家庭支援課など

児童扶養手当について（厚生労働省）

障害年金

病気やけがで障害が残った

対象者 病気（内臓疾患や精神疾患も含む）やけがで障害が残り、回復の見込みがなくなった人

内容 原則、初診から1年6か月が経過後に医師の認定を受けて受給。
障害基礎年金 障害等級（1級、2級）により受給額は異なる。1級で約98万円、2級で約78万円。
障害厚生年金 会社員や公務員（厚生年金の被保険者）は給与に応じて、障害基礎年金とあわせて受給。

窓口 日本年金機構

障害者手帳

病気やけがで障害が残った

対象者 一定の身体障害、知的障害、精神障害のある人

内容 身体障害者手帳、療育手帳、精神障害者保健福祉手帳の3種類。いずれも障害者総合支援法の対象となり支援を受けられる。
身体の機能に一定以上の障害がある場合は、障害の重い順に1級から6級に分けられて、身体障害者手帳が交付される。級に応じて、税の減免のほか、住宅設備改修費や公共交通機関割引などの支援が受けられる。

窓口 市区町村の福祉事務所や役所の担当窓口

障害者手帳について（厚生労働省）

奨学金返還特例

奨学金の返還が困難

対象者 災害、傷病、経済困難、失業などで返還が困難になった人

内容 「減額返還制度」と「返還期限猶予制度」の2つがある。返還総額は、どちらを利用しても特例を受ける前と変わらない。併用も可能。延滞すると、原則として特例の利用はできない。

減額返還制度 最長15年にわたり、月々の返還金額を2分の1または3分の1に減らせる。

返還期限猶予制度 最長10年にわたり返還を待ってもらえる。

窓口 日本学生支援機構

家計急変時の奨学金

家計急変で学費負担が困難

対象者 成績基準、家計基準、資産基準を満たす人

内容 日本学生支援機構の奨学金には、「貸与型奨学金」と「給付奨学金」があり、いずれも家計急変時はいつでも申し込みが可能。

貸与型奨学金 卒業後に返還が必要。

給付奨学金 返還は不要。授業料の免除や減額も受けられる。学校や自治体が独自の給付奨学金制度を設けている場合もある。

窓口 在籍する学校の学事課など

給付奨学金
（家計急変・
日本学生支援機構）

地域包括支援センター

介護や認知症など老親の相談をしたい

対象者 高齢者に関する相談をしたい人

内容 保健師・社会福祉士・主任介護支援専門員等の専門家が配置されていて、住民の健康保持や生活安定のために必要な対応や援助を1か所で受けられる。中学校の区域ごとに設置義務があるので、近隣で相談が可能。家族のほか、地域住民からの相談も受け付けている。

窓口 市区町村の近隣にある地域包括支援センター

法テラス（日本司法支援センター）

法的トラブルになりそう

対象者 法的トラブル（刑事・民事を問わず）に関する相談をしたい人

内容 法務省所管の公的法人で、誰もが法的トラブル解決に必要な情報提供やサービスを受けられるように設置された総合案内所。問題解決のための法制度や手続きに関する情報、相談の窓口を無料で紹介する。
所得や資産が所定額以下で要件を満たす人は、弁護士等の30分程度の面談や電話、またはオンラインで3回まで無料相談を受けられ、訴訟費用を立て替えてもらうこともできる。

窓口 法テラス

法テラス
（地方事務所一覧）

高額療養費制度　関連ページ→46ページ

医療費がかさんだ

対象者　1か月の医療費自己負担額の上限以上を支払った（支払う）人

内容　医療費の自己負担には所得や年齢に応じ、ひと月あたりの上限額が決められていて、超えた分は払わなくてよい。
加入している公的医療保険で「限度額適用認定証」を交付してもらい、病院へ提出する。すでに支払った場合は、2年以内に加入の公的医療保険で払い戻し手続きをする。健保組合により、自己負担がさらに軽減される「付加給付」が設けられている場合がある。

窓口　加入している健保組合・協会けんぽ・共済組合、国民健康保険は市区町村

高額療養費
制度
（厚生労働省）

住居確保給付金

家賃の支払いが滞りそう

対象者　離職または休業により収入が減り、住まいを失う恐れがある人

内容　生活困窮に陥る恐れのある人の自立を、多面的に支援する生活困窮者自立支援法にもとづく制度。
原則3か月、最長9か月にわたり家賃の一部または全部について、補助を受けられる。補助額は生活保護制度（→右ページ）の住宅扶助に準じた額で、都道府県により異なる。収入要件と資産要件を満たす必要がある。

窓口　市区町村の自立相談支援機関

自立相談支援
機関検索
（厚生労働省）

生活福祉資金貸付制度

日々の生活費に困った

対象者 金融機関等から借り入れが困難な世帯など

内容 一時的に生計の維持が困難になったとき、緊急的に少額を借り入れることができる制度。
無利子で10万円以内を貸し付ける「緊急小口資金（据置期間2か月、償還期限12か月）」、当面の生活費を貸し付ける「総合支援資金」のほか、「教育支援資金」「不動産担保型生活資金」など目的に応じた貸付がある。

窓口 居住地の
社会福祉協議会

都道府県・指定都市
社会福祉協議会の
ホームページ（リンク集）

生活保護制度

経済的に自立生活が難しい

対象者 資産や能力等すべてを活用しても生活に困窮する人

内容 憲法が保障する「健康で文化的な最低限度の生活」を送れなくなったときのセーフティネット。
日常生活に必要な費用として「生活扶助」、家賃を賄う「住宅扶助」、自己負担の生じない「医療扶助」「介護扶助」など、8つの保護がある。住んでいる場所（都道府県）や年齢、家族の人数で給付額が決まる。

窓口 居住地の
福祉事務所

全国の
福祉事務所一覧
（厚生労働省）

国民健康保険の減免

国民健康保険料の支払いが難しい

対象者 収入の減少や失業等により経済的に困難になった人

内容 前年の世帯の所得が一定基準以下の場合、国民健康保険税の均等割額（加入人数で計算される額）が軽減される。軽減区分は所得に応じ、7割軽減、5割軽減、2割軽減など。
確定申告が済んでいれば自動的に軽減されるが、年度中の災害や休廃業の場合には申請が必要。

窓口 市区町村の国民健康保険課

国民年金保険料の免除・猶予

国民年金保険料の支払いが難しい

対象者 収入の減少や失業等により経済的に困難になった人

内容 前年所得に応じ、国民年金保険料の全額、4分の3、半額、4分の1の4種類の免除を受けられる。
20歳から50歳未満で、本人や配偶者の前年所得が一定額以下の場合に受けられる「保険料納付猶予制度」もある。
学生の場合は「学生納付特例制度」があり、本人の収入が一定額以下であれば、在学中の保険料納付の猶予を受けられる。

窓口 市区町村の国民年金担当窓口

国民年金保険料の免除制度・納付猶予制度（日本年金機構）

税の猶予

国税・地方税の納付が難しい

対象者 収入の減少や失業等により経済的に困難になった人

内容
国税 期限までに納付できない場合、税務署による審査を経て、原則1年以内にわたり納付猶予を受けられる。

地方税 期限までに納付できない場合、徴収猶予の申請をすると、審査を通じ原則1年以内で税の納付猶予を受けられる。

いずれも、納税額が100万円未満なら担保は不要。

窓口 国税は国税局、地方税は市区町村の税務課など

全国の
税務署所在地
（国税局）

住宅ローンの条件変更・猶予など

住宅ローンの返済が滞りそう

対象者 収入の減少や失業等により経済的に困難になった人

内容
延滞利息が発生する前に、まずは借入先の金融機関に相談する。金融機関は債務者の事情を踏まえ、柔軟に対応することを金融庁から要請されている。

住宅金融支援機構の提供する「フラット35」には、ボーナス返済の見直しやしばらくの間返済を減らせる変更メニューがある。ただし、返済総額は変更前より増える。

窓口 借入先の金融機関、フラット35は住宅金融支援機構

返済方法の
変更（住宅金融
支援機構）

傷病手当金

業務外の病気やけがで
仕事ができなくなった

対象者 業務外の病気やけがで会社を休み、欠勤状態になった人

内容 業務外の病気やけがで4日以上欠勤状態（給料が出ない）となったときの所得保障。
日給の3分の2の金額が最長1年6か月にわたり給付される。国民健康保険に加入する自営業者は対象外。

窓口 加入している
公的医療保険の窓口

傷病手当金
（全国健康保険協会）

失業保険

仕事を失った

対象者 雇用保険に加入している人

内容 会社員が仕事を失ったときは、雇用保険に加入していて、かつ要件を満たした場合に「基本手当」を受けられる。
給付される期間は、被保険者期間や離職理由で異なる。基本手当日額は、離職直前6か月間の日額（賞与は含まない）の5割から8割の間で、年齢別に上限額が設けられている。

窓口 ハローワーク

全国の
ハローワーク所在地
（厚生労働省）

労災保険

業務上・通勤中の事故等で療養し、仕事ができなくなった

対象者 業務・通勤中の病気やけがで仕事ができなくなった人

内容 仕事中や通勤中の事故で負傷したら、休業4日目から休業補償給付や療養補償給付、障害補償給付、遺族補償給付などが受けられる。療養に必要な医療費の負担は不要。
休業4日未満は、事業主が休業補償を行なう。

窓口 労働基準監督署

労働災害が発生したとき（厚生労働省）

休業手当

会社の判断で仕事を休むことになった

対象者 事業主の判断で仕事を休まざるを得ない人

内容 事業主の判断で従業員に仕事を休ませる場合、正規・非正規を問わず、最低6割の休業手当を負担しなくてはならない。従わない事業者は労働基準法違反で罰金刑に処される。
休業手当の不払いなどで会社とトラブルになりそうなら、弁護士や社労士などの専門家や、労働者を支援するNPOなどに相談し、対応の検討をする。

窓口 勤務先

休業手当の計算方法（厚生労働省・山形労働局）

被災者生活再建支援金　関連ページ→74ページ

住まいが全壊等大きな被害を受けた

対象者 全壊および大規模半壊等の被害を受けた世帯

内容 自然災害で住宅全壊が10世帯以上等となった市区町村に適用され、全壊および大規模半壊等の被害を受けた世帯が対象。
住宅の壊れ具合で決まる「基礎支援金」は最大100万円、住宅の再建方法で決まる「加算支援金」が最大200万円。両方を合計した支給額は、最大300万円となる。自治体による独自制度を受けられる場合もある。

窓口 居住地の
市区町村

被災者生活
再建支援法
（内閣府）

被災ローン減免制度

被災で住宅ローンが返済不能になった

対象者 被災して失った住宅等のローンが返済不能となった人

内容 住宅や事業用ローンの返済中に被災した個人を対象に、借入先の金融機関との合意でローン減免を目指し調整する。
破産手続きを経ないため、受け取った被災者生活再建支援金や災害弔慰金、500万円程度の現金を手元に残せる。
個人信用情報に掲載されず、保証人にも請求されない。支援を受ける弁護士の費用は公費負担。被災地の弁護士相談で事前相談も可能。

窓口 ローン借入先の
金融機関

個人版私的整理
ガイドラインについて
（政府広報オンライン）

水道光熱費・生活費等の減免や猶予
被災して家計が厳しくなった

対象者 罹災証明書を交付されている被災者

内容 水道光熱費やNHK受信料、その他の生活にかかる費用の減免や猶予を受けられる場合がある。
携帯電話料金やケーブルテレビ受信料、生命保険料、損害保険料、共済掛金などについても、一定期間猶予を受けられる場合がある。詳細については、各事業者へ確認。

窓口 水道は居住地の市区町村等、その他は直接取引先へ

災害復興住宅融資
被災後に住宅を再建、修繕したい

対象者 罹災証明書を交付されている被災者

内容 低利かつ全期間固定金利の被災者向け融資。住宅の耐震性、借入金の年収基準、返済期間の基準などを満たす必要がある。
60歳以上が利用できるリバースモーゲージ型住宅ローン「高齢者向け返済特例」では、利息のみの支払いで生涯住み続けられる。融資を受けた世帯に利子補給の支援を行う自治体もある。

窓口 住宅金融支援機構

災害援護資金

被災して資金困難だけど 金融機関から借りられない

対象者 災害で負傷、または住居や家財の損害を受けた世帯のうち、一定所得未満の世帯

内容 市区町村が生活再建に必要な資金を貸し付ける制度。
世帯主の負傷と住宅の損壊具合により、貸付限度額が変わる。
最大額は350万円、金利は年3%以内、返済期間は10年以内。
低所得者は返済免除を受けられる場合がある。

窓口 居住地の市区町村

災害援護資金
（厚生労働省）

災害弔慰金・災害障害見舞金

災害で家族が亡くなった

対象者 自然災害で死亡した人の配偶者、子、親、孫、祖父母、同居または生計を同じくしていた兄弟姉妹

内容 　**災害弔慰金**　災害が原因で死亡したとき、生計維持者の死亡は500万円、それ以外の家族の死亡は250万円が遺族に給付される。
　災害障害見舞金　災害で重い障害を負ったとき、生計維持者の場合は250万円、それ以外の家族の場合は125万円が給付される。

窓口 居住地の市区町村

災害弔慰金
（厚生労働省）

索引

清水 香
（しみず・かおり）

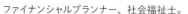

ファイナンシャルプランナー、社会福祉士。
FP&社会福祉士事務所 OfficeShimizu 代表、（株）生活設計塾クルー取締役。
1968 年東京生まれ。中央大学在学中よりファイナンシャルプランニング業務を開始、2001 年、独立系ファイナンシャルプランナーとしてフリーランスに転身。家計の危機管理の観点から、社会保障や福祉、民間資源を踏まえた生活設計アドバイスに取り組む。生活者向け相談業務のほか、執筆、講演など幅広く展開、ＴＶ出演も多数。財務省の地震保険制度関連の委員を歴任、自由が丘産能短期大学講師、日本災害復興学会会員。著書に『どんな災害でもお金とくらしを守る』（小学館クリエイティブ）、『地震保険はこうして決めなさい』（ダイヤモンド社）、『あなたにとって「本当に必要な保険」』（講談社）など。
OfficeShimizu　https://kaorishimizu.themedia.jp/
（株）生活設計塾クルー　https://www.fp-clue.com/

2020 年11月25日　初版第1刷発行

著　者◉清水 香

発行者◉宗形 康
発行所◉株式会社小学館クリエイティブ
　　　　〒101-0051
　　　　東京都千代田区神田神保町
　　　　2-14 SP神保町ビル
　　　　電話 0120-70-3761（マーケティング部）

発売元◉株式会社小学館
　　　　〒101-8001
　　　　東京都千代田区一ツ橋 2-3-1
　　　　電話 03-5281-3555（販売）

イラスト◉キタ大介
ブックデザイン◉山﨑理佐子

校　閲◉小学館クリエイティブ校閲室
編　集◉市村珠里　西田真梨

印　刷◉映文社印刷株式会社